História Comparada

Dados Internacionais de Catalogação na Publicação (CIP)
(Câmara Brasileira do Livro, SP, Brasil)

Barros, José D'Assunção
  História Comparada / José D'Assunção Barros. –
Petrópolis, RJ : Vozes, 2014.
  ISBN 978-85-326-4727-6
  1. Civilizações 2. História 3. História social
I. Título.

13-13446   CDD-900

Índices para catálogo sistemático:
  1. História   900

José D'Assunção Barros

História Comparada

EDITORA
VOZES

Petrópolis

© 2014, Editora Vozes Ltda.
Rua Frei Luís, 100
25689-900 Petrópolis, RJ
Internet: http://www.vozes.com.br
Brasil

Todos os direitos reservados. Nenhuma parte desta obra poderá ser reproduzida ou transmitida por qualquer forma e/ou quaisquer meios (eletrônico ou mecânico, incluindo fotocópia e gravação) ou arquivada em qualquer sistema ou banco de dados sem permissão escrita da editora.

Diretor editorial
Frei Antônio Moser

Editores
Aline dos Santos Carneiro
José Maria da Silva
Lídio Peretti
Marilac Loraine Oleniki

Secretário executivo
João Batista Kreuch

Editoração: Maria da Conceição B. de Sousa
Diagramação: Sheilandre Desenv. Gráfico
Capa: Renan Rivero
Imagens da capa: Pirâmide de Khafre em tempestade de areia, Cairo, Egito – © Donya Nedomam | Shutterstock
Vista noturna do piramid no Museu do Louvre, Paris, França – © Angel Janer | SXC.hu

ISBN 978-85-326-4727-6

Editado conforme o novo acordo ortográfico.

Este livro foi composto e impresso pela Editora Vozes Ltda.

Sumário

1 História Comparada: constituição de um novo campo disciplinar, 7

2 A pré-história da História Comparada, 19

3 A História Comparada das Civilizações, a História Total Comparada e a Sociologia Histórica Comparada de Weber, 32

4 Marc Bloch e a sistematização do método comparativo na História, 44

5 Uma História-problema Comparada, 52

6 Caminhos e descaminhos da História Comparada no pós-guerra, 58

7 A História Comparada e suas conexões com outros campos históricos, 62

8 A tipologia de Charles Tilly para a História Comparada, 77

9 História Comparada entre espaço-tempos distanciados, 82

10 História Global, "histórias transnacionais" e outras histórias, 85

11 Histórias Interconectadas, 97

12 Histórias Cruzadas, 116

13 A História Comparada no Brasil: alguns exemplos, 136

14 Delineamentos para estabelecer a História Comparada em sua especificidade, 142

15 A História Comparada e sua instância coletiva, 150

16 Considerações finais – Por uma História Relacional, 163

Referências, 167

1
História Comparada: constituição de um novo campo disciplinar

Quando Marc Bloch publicou há cerca de oitenta anos o seu famoso artigo sobre a "História Comparada" (1928)[1], esta era apenas uma instigante promessa historiográfica. O mundo já conhecera os horrores da Primeira Grande Guerra, e outros horrores ainda maiores estavam por vir com a ascensão do Nazismo e a eclosão do segundo grande conflito mundial. Respirava-se então, em uma parte pelo menos significativa da intelectualidade europeia, certo ar de desânimo em relação aos caminhos que tinham sido trilhados através daquele exacerbado culto ao nacionalismo que caracterizara a estruturação dos estados-nação nos séculos anteriores. Mais ainda, de modo geral os historiadores tinham desempenhado um papel bastante relevante na organização institucional dos estados-nação, na estruturação de seus arquivos para o registro da memória nacional, na construção de narrativas laudatórias que exaltavam cada nação em particular, e que por vezes chegavam mesmo a conclamar indiretamente à guerra. Alguns, como François Gui-

---

1. O artigo de Marc Bloch que recebeu o título de "Pour une histoire comparée des sociétés européenes" foi publicado na *Revue de Synthèse Historique* (BLOCH, 1928: 15-50).

zot (1787-1874)², tinham mesmo ocupado postos governamentais importantes, e outros, como Jules Michelet (1789-1874), chefiaram arquivos nacionais em seus países³. Agora, diante dos aspectos nefastos daquele processo de exacerbação nacionalista que resultara em tão terrível desastre, era compreensível que, no complexo e multidiversificado circuito dos historiadores profissionais, surgissem aqui e ali os vestígios de um certo "mal-estar" da historiografia. Não era um sentimento necessariamente predominante em todos os países e ambientes, mas este mal-estar certamente se fazia presente.

Não é de se estranhar que, nesse mesmo contraclima de desapontamento em relação ao nacionalismo radicalizado – que de resto seguiria adiante pelas décadas vindouras – tenham se fortalecido os primeiros sonhos de ultrapassagem dos antigos modelos propugnados por aquela velha historiografia nacionalista, que até então estivera sempre tão bem acomodada às molduras institucionais e nacionais. É neste ambiente que surgem os primeiros esforços de sistematização de uma História Comparada – ou melhor, é neste ambiente que emerge a assimilação mais sistemática do comparativismo histórico pelos historiadores profissionais. Comparar, veremos mais adiante, era de algum modo abrir-se para o diálogo, romper o isolamento, contrapor um elemento de "humanidade" ao mero orgulho nacional, e, por fim, questionar a intolerância recíproca entre os homens – esta que logo seria coroada com a explosão da primeira bomba atômica.

---

2. François Guizot (1787-1874) ocupou o cargo de primeiro-ministro da França entre 19 de setembro de 1847 e 23 de fevereiro de 1848, quando foi destituído do cargo no conjunto de medidas que visavam conter as pressões populares que dariam origem à Revolução de 1848. Antes, fora ministro da Instrução Pública.

3. Jules Michelet (1798-1874) foi chefe da seção histórica dos arquivos nacionais na França, também a partir dos mesmos acontecimentos de 1830 que haviam conduzido Guizot a uma posição política no governo francês.

Se a História Comparada fora na época de Marc Bloch pouco mais do que uma estimulante promessa, ou uma tímida e bem-intencionada tentativa de melhor compreender os vários povos do planeta, hoje ela pode ser considerada um campo intradisciplinar bem-estabelecido e com direito a uma rubrica própria. De resto, suas potencialidades vão bem além da simples intenção de comparar nações ou povos, e mesmo a História Regional pode se beneficiar eventualmente de uma composição estreita com as abordagens propostas pela História Comparada. Os historiadores do imaginário, por fim, podem até mesmo colocar universos fictícios ou imaginários em uma comparação historiograficamente conduzida, se quisermos levar mais adiante a enumeração das trilhas que hoje se abrem para o comparativismo histórico. A lista não terminaria certamente aí: "histórias de vida" paralelas (sejam biografias individuais ou coletivas), práticas culturais específicas, ou o próprio pensamento historiográfico em diferentes culturas ou sob a perspectiva de distintos autores – seria certamente um interessante exercício de imaginação estabelecer a miríade de universos de observação que podem ser contrapostos com vistas à comparação historiográfica, ou que já foram contemplados em trabalhos específicos realizados por historiadores ou cientistas sociais interessados no comparativismo histórico. Eis aqui um mundo de possibilidades.

Ao mesmo tempo em que a História Comparada mostra ter conquistado neste princípio de novo milênio o seu próprio mosaico de possibilidades – o que de resto sempre termina por ocorrer com qualquer campo disciplinar que, no seu processo de formação, vai incorporando novas complexidades – é oportuno lembrar que essa modalidade historiográfica tem na verdade muitas origens, constituindo-se o texto de Marc Bloch apenas em um fundamento simbólico. Há, por assim dizer, uma espécie de pré-história da História Comparada que remonta às demais ciências sociais e humanas (à Sociologia ou à Economia, por exemplo) – campos de saber que desde suas próprias origens, por vezes em vista de suas ambições generalizadoras, já vinham praticando o comparativismo com certa desenvoltura, inclusive o comparativismo diacrônico, isto é, no decurso de uma temporalidade[4]. Depois disso, e já dentro do âmbito da Filosofia da História, o Materialismo Histórico proposto por Marx e Engels em meados do século XIX teria aberto também uma inevitável trilha para ser percorrida nos séculos seguintes, uma vez que uma de suas propostas fundamentais era a de examinar a história dos modos de produção, projeto que dificilmente poderia ser realizado sem um atento comparativismo simultaneamente sincrônico e diacrônico envolvendo sociedades e historicidades diversificadas. Já mais estritamente no âmbito dos historiadores profissionais, e já adentrado o século XX, poderemos identificar – à parte o marxismo mais diretamente interessado em historiar os modos de produção – pelo menos três novas vias para a História Comparada: aquela amparada pela ideia de uma História Total que fornecesse um quadro mais completo da história da Europa e talvez do mundo; a História das Civilizações na esteira de Spengler e Toynbee; e por fim o próprio modelo proposto por Bloch, uma História Comparada que deveria ser

---

4. Para além das disciplinas com ambições generalizadoras, o "comparatismo" era certamente inevitável em outras ciências humanas mais específicas, com base no fato mais evidente de que elas próprias se constituíram por vezes como campos de saber precisamente defináveis como "estudos da diferença" (a Antropologia, a Linguística Comparada). Em um texto publicado em junho de 1930 no *Bulletin du Centre International de Synthèse*, Marc Bloch perscruta as origens e significados da "comparação" no que se refere aos seus usos na História e nas Ciências Humanas, e lá registra a observação de que seria a Linguística "a primeira que elevou a comparação, originalmente inteiramente instintiva, à altura de um método racionalizável" (BLOCH, 1930).

percorrida por uma problematização bem definida e através de um método sistematizado.

Para resumir a questão das origens da História Comparada, teremos aqui uma espécie de polifonia a cinco vozes: uma linha de História Comparada de bases sociológicas ou ambições generalizantes; a História Comparada dos modos de produção; a História Comparada das Civilizações; a História Total Comparada; e a "História Comparada Problema". Todas estas vertentes, por assim dizer, ofereceram, na história da historiografia, alternativas e combinações de alternativas à "História Comparada" propriamente dita, que a partir do pós-guerra começa a se constituir em campo intradisciplinar específico[5].

Mas antes de examinar mais atentamente as "origens", e considerando por ora o complexo quadro atual em que começam a se sedimentar novos caminhos para o comparativismo histórico, o primeiro aspecto a se ressaltar é que tem crescido significativamente nas últimas décadas, e ainda mais particularmente nos anos recentes, o interesse pela "História Comparada" – esta instigante modalidade historiográfica que, de saída, definiremos pela ocorrência de um "duplo ou múltiplo campo de observações" que é constituído pelo historiador, para além da utilização de uma abordagem necessariamente associada ao "comparativismo histórico". O interesse crescente pela História Comparada de fato existe, e os congressos científicos even-

---

5. Se quisermos remontar a outras experiências relacionadas com algum tipo de comparativismo histórico na História do Mundo, poderemos ainda encontrar experiências notáveis. Um exemplo são as *Vidas Paralelas* de Plutarco (46-125 d.C.), um historiador e filósofo grego da Antiguidade que se dispôs a escrever biografias geminadas de ilustres personagens da Grécia Antiga e do Império Romano. O objetivo era perscrutar as influências dessas personalidades nos destinos da civilização greco-romana, identificando os valores que ambos os povos teriam em comum. A mais famosa das biografias paralelas de Plutarco buscou examinar as vidas de Alexandre e Júlio César (PLUTARCO, 2005).

tualmente o atestam de maneira bastante clara. Eis aqui um sintoma. Ainda que, dentro de um contexto de confronto em relação a outras modalidades historiográficas, possa-se qualificar como relativamente modesta a acumulação total de trabalhos relacionados mais diretamente à História Comparada, a verdade é que pode ser detectado este interesse cada vez maior dos historiadores em pelo menos discutir as potencialidades desta modalidade historiográfica. Dito de outra forma, mesmo que sejam relativamente poucos os que têm enfrentado mais resolutamente o desafio de "fazer história comparada", "discutir a história comparada" é de alguma maneira uma moda historiográfica que tem conseguido impor de modo bastante expressivo a sua relevância acadêmica[6].

Poder-se-ia indagar pelas causas desta aparente não sintonia entre uma quantidade menos significativa de realizações práticas de História Comparada e o crescente interesse teórico-metodológico pela mesma. Podemos imaginar algumas justificativas para este distanciamento entre a prática concreta e o interesse teórico. Por um lado, comparar realidades histórico-sociais distintas – dependendo de quais estas forem – pode implicar a exigência de uma considerável erudição ou mesmo de vocações múltiplas. Quantos historiadores ou sociólogos estariam aptos a empreender um estudo historicamente transversal sobre o fenômeno urbano no Ocidente, como o que realizou Max Weber, ou mesmo comparar com amplo conhecimento das fontes e fatos as realezas francesa e inglesa na Idade Média dos reis taumaturgos, como fez Marc Bloch? A comparação entre

---

6. Sintomática nesta direção é a afirmação de Robert Darnton em uma entrevista de 1996, onde o historiador americano observa que "a história comparada é mais falada do que realmente escrita" ["Entrevista com Robert Darnton" no livro *As muitas faces da História*, organizado por Maria Lúcia Garcia Pallares-Burke (2000)].

unidades interculturais distintas, como a Europa Ocidental e a China, por exemplo, implicaria a necessidade de uma conexão de conhecimentos ainda mais rara – e até mesmo a comparação entre realidades aproximadas no tempo como o Brasil e a Argentina não é tarefa das mais fáceis.

A formação do historiador ocidental é normalmente direcionada para a especialização em dois parâmetros habituais: a temporalidade e a espacialidade. Os especialismos na historiografia do Ocidente apontam normalmente para as épocas históricas – Idade Antiga, Idade Média, Idade Moderna, Idade Contemporânea – ou para espacialidades definidas, como a História da América, a História da África, a História do Brasil. Mais raros são os que se definem por dimensões históricas específicas – a História Política, a História Econômica, a História Cultural – e entre estes muito poucos os historiadores que conservam no seu horizonte a perspectiva de atravessar a sua dimensão de eleição transversalmente no tempo ou horizontalmente no espaço. Diante destas tendências contemporâneas de partilha do saber historiográfico que beneficiam tão claramente a especialização na temporalidade ou na espacialidade, esta última uma espacialidade frequentemente nacional, não é de se estranhar que seja uma empresa menos comum na historiografia o trabalho com a História Comparada – esta modalidade historiográfica que se abre para a ruptura dos compartimentos em que a maior parte dos historiadores desejaria, talvez, se ver bem acomodada[7].

---

7. É nesta mesma direção que encontraremos o alerta de Jurgen Kocka: "Frequentemente, historiadores se concentram na história de seu país ou região. Por causa disso, a comparação pode ter um efeito desprovincializante, liberador, abrindo perspectivas, com consequências para a atmosfera e estilo da profissão. Esta é uma contribuição da comparação que não deveria ser subestimada" (KOCKA, 2003: 41).

Por outro lado, o crescimento pelo fascínio teórico-metodológico em relação à História Comparada possui outras motivações, que contradizem de algum modo as ausências de habilitações para um empenho maior na sua realização prática. Vivemos em um mundo onde, sobretudo nas últimas décadas, ampliou-se extraordinariamente a comunicação internacional e intercultural. Nunca tantas e tão diversificadas realidades culturais estiveram ao alcance das mãos, ou dos dedos que passeiam pelos teclados de computador, como agora. Nunca os meios de comunicação puderam transmitir, com tanta imediaticidade e eficácia, imagens e discursos de todas as partes do mundo como nos dias de hoje, e nunca cada acontecimento teve tanto poder de repercutir em outros – atravessando oceanos e fronteiras – como neste mundo globalizado, internetizado, interligado. Vivemos sob uma torrente de estímulos para exercitar a comparação diariamente, e isto se reflete em uma historiografia que, destarte, ainda não forma seus profissionais, ou uma parte deles, com vistas à prática de um comparativismo que exigiria mais do que uma especialização monolítica. Talvez isso explique algo do crescente interesse teórico-metodológico pela História Comparada em um contexto de realizações concretas onde não aparece ainda uma considerável massa crítica de trabalhos já realizados.

Com relação ao crescente interesse teórico-metodológico pela História Comparada, vale lembrar que, já em outubro de 1980, a *American History Review* considerou oportuno dedicar um número inteiro deste que é o mais destacado periódico historiográfico da América à discussão em torno desta fascinante abordagem historiográfica[8], como que a prenunciar o cresci-

---

8. *American History Review*, 84 (3), out./1980.

mento do interesse teórico-metodológico pela área nas décadas seguintes, ao mesmo tempo em que se reconhecia um pelo menos expressivo conjunto de contribuições consistentes que já àquela altura permitia que se falasse da História Comparada como uma modalidade muito bem definida no quadro geral das especialidades historiográficas contemporâneas, embora não tão densamente habitada pelos historiadores profissionais. Depois disso, não seriam raros os dossiês ou números temáticos sobre História Comparada em algumas das mais relevantes revistas de história, sendo oportuno citar o n. 17 da Revista *Gêneses*, com seu dossiê sobre "o comparativismo na história" a partir do exemplo franco-alemão[9]. Por fim, neste mesmo meio-tempo foi lançada uma revista inteiramente especializada em História Comparada, a *Comparative Studies in Society and Story*.

No intuito de melhor delimitarmos a reflexão que estará sendo desenvolvida neste ensaio, consideraremos que a História Comparada é, antes de mais nada, uma modalidade historiográfica fortemente marcada pela complexidade, já que se refere tanto a um "modo específico de observar a história" como à escolha de um "campo de observação" específico – mais propriamente falando, o já mencionado "duplo campo de observação", ou mesmo um "múltiplo campo de observação". Situa-se, portanto, entre aqueles campos históricos que são definidos por uma "abordagem" específica – por um modo próprio de fazer a história, de observar os fatos ou de analisar as fontes. Resumindo em duas indagações que a tornam possível, a História Comparada pergunta simultaneamente: "O que observar?" e "Como observar?" E dá respostas efetivamente originais a estas duas indagações.

---

9. *Gêneses*, 17, setembro de 1994. Dossiê "Le comparatisme em histoire et sés enjeux: l'example franco-allemand", p. 102-121.

Talvez aí esteja precisamente o que há de mais instigante nesta abordagem historiográfica: o fato de que, em função destas duas indagações que parecem constituí-la na sua essência mais íntima, a História Comparada sempre se mostra como um insistente convite para que o historiador repense a própria ciência histórica em seus dois fazeres mais irredutíveis e fundamentais – de um lado, o "estabelecimento do recorte", e, de outro lado, o seu modo de tratamento sistematizado das fontes. Em suma, a História Comparada tanto impõe a escolha de um recorte geminado de espaço e tempo que obrigará o historiador a atravessar duas ou mais realidades socioeconômicas, políticas ou culturais distintas, como de outro lado esta mesma História Comparada parece imprimir, através do seu próprio modo de observar a realidade histórica, a necessidade a cada instante atualizada de conciliar uma reflexão simultaneamente atenta às semelhanças e às diferenças.

A História Comparada, deste modo – ao impor àqueles que a praticam um novo modo de pensar a história na própria construção de seu recorte, e um modo bastante específico de trabalhar sobre as realidades históricas assim observadas – revela-se oportunidade singular para que se repense a própria história em seus desafios e em seus limites. Talvez seja isto, mais do que tudo, o que tem contribuído para fazer da História Comparada matéria privilegiada para um intenso debate entre os historiadores nos seus encontros profissionais, mesmo que ainda não exista uma quantidade tão considerável de trabalhos relacionados mais diretamente a esta modalidade, quando a cotejamos com outros campos históricos mais habitualmente frequentados pelos historiadores.

O crescimento do interesse temático pela História Comparada nos encontros científicos e em artigos acadêmicos – sintoma muito claro do crescimento desta abordagem historiográfica nos últimos anos – leva-nos, contudo, a indagar, agora sim, pelas suas origens, pela natureza epistemológica deste tipo de conhecimento, pelos aportes conceituais possíveis e metodologias disponíveis. De princípio, refletiremos sobre a própria palavra – o próprio gesto metodológico e conceitual que funda esta abordagem. O que é comparar? Por que se compara? O que se espera com a comparação? O que se pode comparar?

Antes de mais nada, consideraremos que comparar é uma forma específica de propor e pensar as questões. Frequentemente nos defrontamos com esta forma intuitiva de abordagem quando nos deparamos na vida cotidiana com situações novas, e neste caso a *comparação* nos ajuda precisamente a compreender a partir de bases mais conhecidas e seguras aquilo que nos é apresentado como novo, seja identificando semelhanças ou diferenças. Comparar é um gesto espontâneo, uma prática que o homem exercita nas suas atividades mais corriqueiras, mas que surge com especial intensidade e necessidade quando ele tem diante de si uma situação nova ou uma realidade estranha.

A comparação neste momento – diante do desafio ou da necessidade – impõe-se como método. Trata-se de iluminar um objeto ou situação a partir de outro, mais conhecido, de modo que o espírito que aprofunda esta prática comparativa dispõe-se a fazer analogias, a identificar semelhanças e diferenças entre duas realidades, a perceber variações de um mesmo modelo. Por vezes, será possível ainda a prática da "iluminação recíproca", um pouco mais sofisticada, que se dispõe a confrontar dois objetos ou realidades ainda não conhecidos de modo a que os traços fundamentais de um ponham em relevo os aspectos do outro, dando a perceber as ausências de elementos em um e outro, as variações de intensidade relativas à mútua presença de algum elemento em comum. Será por fim possível, se o que se observa são dois objetos ou realidades dinâmicas em transformação, verificar como os elementos identificados através da comparação vão variando em alguma direção mais específica – de modo que se possa identificar um certo padrão de transformações no decurso de um tempo – e, mais ainda, se temos duas realidades contíguas, como uma influencia a outra, e como as duas a partir da relação recíproca terminam por se transformar mutuamente.

Já nestes níveis de análise, a comparação não mais se traduz como um mero gesto intuitivo, mas sim se apresenta como um método que oferece àquele que a utiliza determinadas potencialidades e certos limites, forçando-o antes de mais nada a definir o que pode e o que não pode ser comparado, a refletir sobre as condições em que esta comparação deve se estabelecer, a formular estratégias e modos específicos para a observação mais sistematizada das diferenças e variações, acrescentando-se ainda a necessária reflexão de que alguns tipos de objetos permitem este ou aquele modo de observação e de análise, e não outro. Seria oportuno, então, indagar pela natureza do momento em que o gesto comparativo passa da prática intuitiva e espontânea para um outro patamar, onde se erige em método, em escolha tornada consciente e acompanhada de autocrítica, de procedimentos, de sistematização.

2
A pré-história da História Comparada

Os modernos usos do comparativismo na reflexão sobre a vida humana e social, já como tentativa de constituir uma metodologia mais sistemática, remontam ao Iluminismo do século XVIII, sem demérito de outras experiências que poderiam ser lembradas. Nas *Cartas filosóficas* (VOLTAIRE, 2001), publicadas originalmente em 1733, Voltaire já buscava caracterizar implicitamente as diferenças entre a vida e o pensamento na Inglaterra e na França de sua época. Sua intenção, talvez mais política do que científica, fora a de descrever os ingleses como um povo então dotado de senso comum, tolerância religiosa, pragmatismo político e eficiência comercial, ao mesmo tempo em que deixa no ar uma comparação oculta com a França de seu tempo, lugar onde grassaria nos meios políticos e na vida social mais ampla a superstição, o preconceito e o dogmatismo. O empirismo inglês, cujas origens Voltaire faz remontar até o Renascimento e cuja realização definitiva é atribuída às realizações de Newton, teria neste país libertado a filosofia dos entraves metafísicos e escolásticos que ainda travavam parte da intelectualidade francesa, carente de uma filosofia instrumental como a que detinham os ingleses. A presença, nas *Cartas filosóficas*, de um comparativismo implícito relativamente à França absolutista e dominada por um clericalismo intolerante e dogmático – estes que eram efetivamente os verdadeiros alvos de Voltaire – concorreu para que o sucesso da obra viesse acompanhado de reações rigorosas das autoridades. O exemplo é meramente ilustrativo. Voltaire dirige aqui a sua prática comparativa para uma espécie de história filosófica – e o seu projeto é claramente político no sentido de impor uma filosofia, que logo seria conhecida como "filosofia das luzes", no contexto de críticas ao absolutismo do Antigo Regime e ao clericalismo dominado pela Igreja Católica. O modelo comparatista, contudo, não fora introduzido por ele no ambiente do iluminismo francês. Já em 1722, Charles-Louis de Secondat, o Barão de Montesquieu (1689-1775), publicara uma obra de extraordinário sucesso, as *Cartas persas* (MONTESQUIEU, 1981). Nesta obra, dois viajantes persas imaginários – uma dupla de aristocratas orientais chamados Usbek e Rica – viajam pela Europa registrando suas observações e reações relativas aos vários países ocidentais. Desta maneira, é interessante observar que a operacionalização da comparação dá-se aqui em diversos níveis: de um lado são comparados os vários países europeus entre si, através da mediação dos dois aristocratas persas imaginários; de outro lado, como os viajantes persas criados por Montesquieu têm como referência de suas observações o despotismo persa, este lança luz sobre o absolutismo europeu, ou mais particularmente o absolutismo francês. Neste nível, estabelece-se uma comparação entre Oriente e Ocidente, e também aqui a comparação entre sociedades distintas atende aos objetivos de uma crítica filosófica imersa no ambiente profundamente politizado de combate ao Antigo Regime no plano das ideias. Através de uma inovadora narrativa composta por uma sucessão de cartas, são questionadas as verdades ocidentais que, ao serem observadas através de um olhar supostamente estrangeiro, revelam nos costumes e instituições dos países europeus percorridos costumes e crenças tão surpreendentes e exóticos quanto os orientais.

Foi também um estudo comparado – ainda que motivado pela hoje inaceitável intenção de demonstrar que as diversas sociedades primitivas não são senão estágios anteriores dos modelos superiores da civilização europeia – o que estava por trás do meticuloso trabalho do jesuíta francês Joseph-François Lafitteau (1681-1746) sobre os "Costumes dos índios americanos em comparação com os costumes dos primeiros dias" (1724). Ao comparar os iroqueses do Canadá às sociedades históricas que confluíram para as sociedades europeias, particularmente no que se refere aos mitos e rituais presentes nas duas matrizes sociais definidas pelos seus estudos, Lafitteau vira naqueles indígenas canadenses o mesmo grau de cultura que um dia tiveram os atenienses clássicos, da época de Péricles[10]. Considerava-os quase ultrapassando a barbárie, e já capazes de elaborar discursos retóricos como o dos gregos do período clássico. Uma tal comparação vale-se da comparação para legitimar a ambição de situar a Europa das Luzes na vanguarda de um grande processo evolutivo, apresentando-a como estágio mais desenvolvido de um mundo coabitado por sociedades mais atrasadas neste mesmo caminho de evolução, ou mesmo estagnadas. Em seu esforço comparativo, o que o estudioso jesuíta Jean Lafitteau nos apresenta é um ajuste na concepção de tempo histórico, que deveria ser aplicada para dar visibilidade aos tempos paralelos

---

10. Remo Bodei, ao discutir as filosofias da História no século XVIII em seu livro *A História tem um sentido?* (1997), examina em maior detalhe a perspectiva iluminista de Lafitteau (BODEI, 2000: 30).

(mas perfeitamente análogos) que caracterizariam as diversas sociedades do planeta.

Ao comentar os estudos de J.-F. Lafitteau, em seu ensaio *A História tem um sentido?* (2001), Remo Bodei desnuda essa perspectiva comparatista que, em última instância, procura perceber os iroqueses do Canadá sobre o prisma de uma defasagem temporal que os situa no nível de "antigos atenienses que viviam no presente histórico médio da Europa". Com uma perspectiva comparatista como esta, seria mesmo possível acrescentar que "os ameríndios da Amazônia seriam nossos contemporâneos que estacionaram na Idade da Pedra" (BODEI, 2001: 30)[11].

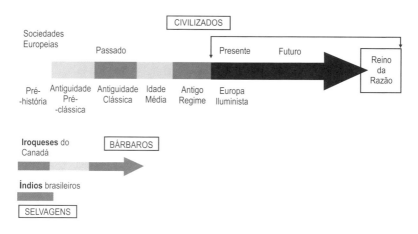

Tempos paralelos de Lafitteau

Seja em Voltaire, Lafitteau ou Montesquieu, seja em outros autores pertencentes à tendência iluminista predominante, logo grassaria a ideia de que a natureza humana era a mesma por toda

---

11. No mesmo ano em que é publicado o estudo de Lafitteau sobre os "costumes comparados entre os iroqueses e gregos antigos", surge as *Origens das fábulas*, de Fontenelle (1724). Marcel Detienne compara as duas perspectivas em seu ensaio *A invenção da mitologia* (1998: 19).

a parte, e que as diferenças que iam surgindo nas diversas sociedades deveria advir de causas físicas e naturais – como o clima, a proximidade de vias comerciais, o padrão de subsistência, a densidade demográfica, e outros aspectos de ordem política e circunstancial, pois também se atribuía a introdução de diversidades nas diversas sociedades a manipulações de homens que detinham o poder. O Iluminismo, enfim, tenderia a enxergar uma única natureza humana, para a qual poderiam ser encontradas leis gerais universais de mesmo tipo do que as leis que regiam o mundo físico, e o comparativismo estaria apto a colocar em relevo diferenças que se estabeleciam sobre o pano de fundo desta natureza humana universal, bem como as semelhanças que seriam os sintomas desta universalidade e regularidade das ações e motivações humanas.

Frequentemente, tal como se pode perceber muito claramente em uma das obras históricas de Voltaire – a *Idade de Luís XIV* (1751) [VOLTAIRE, 1969] –, parece estar sendo imposta, através do Iluminismo, a concepção de uma sociedade civilizada que deveria servir como medida única para todos os tempos e espaços, de modo que a "comparação" era aqui utilizada para medir o afastamento ou aproximação deste modelo que se cria como um estágio mais avançado situado no desenrolar evolutivo do destino humano. Para Voltaire, teriam existido na verdade quatro idades iluminadas da Antiguidade – a Grécia Clássica, A Civilização Romana dos tempos de Augusto, a Renascença, e a Idade de Luís XIV, considerando-se ainda que o seu iluminismo colocava-se por vezes na perspectiva otimista de que a Europa de sua própria época poderia retomar esta iluminação, desde que o projeto político e filosófico dos filósofos ilustrados conseguisse se impor. Neste sentido, uma análise comparativa da História poderia examinar o distanciamento ou aproximação das diversas sociedades com relação ao modelo de civilização que estava por trás destes quatro momentos de iluminação no desenvolvimento da humanidade, e é isto que Voltaire busca realizar com seu *Ensaio sobre os costumes e o espírito das nações* (1756), uma obra que inclui a análise da China, da Índia e do mundo islâmico para compará-los com as sociedades europeias. Os objetivos de Voltaire nesta obra são evidentemente críticos, e os capítulos introdutórios sobre o Oriente fornecem material comparativo para iluminar as distorções culturais da Europa do Antigo Regime. Trata-se, então, de um duplo comparativismo a serviço da propaganda iluminista: o Oriente e a Idade Media ocidental-cristã – esta última com suas heranças cristãs na Europa de seu tempo – são discutidos em relação a um mundo ainda ausente, que deveria ser regido pela razão. A prática comparativa esboça-se aqui vigorosamente, como uma necessidade para compreender o mundo social e as transformações culturais e civilizacionais.

Mas é mesmo com o *Espírito das leis* – uma segunda obra de Montesquieu que se ampara na comparação (1748) – que o método comparativo adquire seu delineamento mais bem-acabado na história filosófica do período iluminista. O programa inicial desta obra era o de formar um catálogo de tipos de sociedades, identificando as práticas e soluções institucionais a eles relacionadas; contudo, longe de se limitar a uma simples descrição dos diferentes sistemas legais, o objetivo último de seu comparativismo era encontrar as características gerais que distinguiam um sistema do outro. Da mesma forma, mostra-se claramente nesta obra a busca iluminista das leis e determinações gerais que regeriam as sociedades humanas – desde as condições climáticas e naturais que orientariam a formação das diferentes índoles humanas, até a relação do espaço com o tipo de organização política que surgiria mais espontaneamente. Assim, enquanto o calor excessivo estimulava uma certa letargia nos comportamentos humanos, os grandes espaços abertos da Ásia estimulariam o despotismo na sua forma oriental; de igual maneira, a fertilidade do solo e o padrão de subsistência desta ou daquela sociedade historicamente localizada influenciariam os usos e costumes de uma *politeia*, de modo que a função do legislador era buscar um equilíbrio entre todos estes aspectos.

Se o método comparativo alcançou prestígio entre os filósofos e historiadores associados à corrente iluminista, por outro lado também se ergueram por volta da mesma época as críticas à utilização do comparativismo com vistas a analisar sociedades históricas. O mais contumaz destes críticos foi Johann Gottfried Herder (1744-1803), que no último quarto do século XVIII publicou um livro intitulado *Mais uma Filosofia da História* (1774). Nesta obra, Herder considera frontalmente a impropriedade de utilização da comparação para essas realidades essencialmente ímpares que seriam as sociedades historicamente localizadas:

> A fim de sentirdes a natureza integral da alma que reina em cada uma das coisas [...] não limiteis a vossa resposta a uma palavra, mas penetrai profundamente neste século, nesta região, nesta história inteira, mergulhai em tudo isto e senti tudo isto dentro de vós próprios – só então estareis em situação de compreender; só então desistireis da ideia de comparar cada coisa, em geral ou em particular, com vós próprios. Pois seria estupidez manifesta que vos considerásseis a quinta-essência de todos os tempos e povos (HERDER, 1969: 82).

Ao "método comparativo" proposto entusiasticamente pelos iluministas com vistas à identificação de uma natureza humana que estaria presente em todas as sociedades – método criticado por Herder como passível de produzir "anacronismos" – a história romântica do final do século XVIII propunha que o historiador se empenhasse em perceber, através da "empatia", as especificidades e singularidades de cada sociedade histórica examinada. O método da "compreensão empática", se pudermos chamá-lo assim, buscava evitar aquilo que para os historiadores românticos estaria necessariamente envolvido na comparação de sociedades distintas: a distorção das características marcantes e singulares de cada uma, terminando por produzir uma mera abstração que na verdade não corresponderia a sociedade alguma. Ou seja, em um universo de estudos onde "cada forma de perfeição humana é, num certo sentido, nacional e temporalizada, e, considerada de modo mais específico, individual" (HERDER, 1969: 184), a imposição de classificações alheias e anacrônicas em relação às realidades históricas examinadas comprometeriam, segundo postulava Herder, os resultados dos trabalhos historiográficos. Esta perspectiva de que a história de cada povo ou realidade social específica é particular, irrepetível, e de certa maneira incomparável com outras, seria oportunamente retomada por historicistas do século XIX.

À parte as críticas românticas, os exemplos do comparativismo iluminista registram, enfim, a intenção de utilização da "comparação" como caminho ou método para a observação das sociedades, e, mais propriamente ainda, como recurso para a percepção da natureza humana, das leis universais que estariam por trás da História, do desenvolvimento da razão, segundo a concepção que pautava a principal tendência iluminista. Mas foi durante o processo de formação das diversas Ciências Sociais e Humanas no século XIX, aqui compreendidos como campos disciplinares mais bem delimitados, que a "comparação" tornou-se uma forma ainda mais sistemática de conhecimento capaz de colocar em contraste sociedades distintas ou grupos sociais diversificados.

As contribuições vinham neste período quase que exclusivamente do âmbito da sociologia e da antropologia, por razões que poderemos discutir, e apenas excepcionalmente os historiadores da época aventuraram-se mais audaciosamente no uso sistemático do comparativismo para compreender sociedades distintas na História, tal como foi o caso de Charles-Victor Langlois (1863-1929), ao desenvolver na passagem do século um trabalho que propunha colocar em confronto a França e Inglaterra do período medieval. O mesmo se pode dizer de dois ensaios de Otto Hintze (1861-1940), ambos datados de 1897, nos quais o que se propunha era a articulação desta abordagem comparativista com a história dos Estados Modernos (HINTZE, 1974).

Podem ser identificadas razões específicas para esta profusão de trabalhos sociológicos que se propunham ao comparativismo social, quando comparada à escassez de propostas similares no grupo dos historiadores oitocentistas e das primeiras décadas do século XX. De um lado, com a crescente preponderância das correntes historicistas em detrimento da história positivista propriamente dita, passara a grassar cada vez mais entre os historiadores oitocentistas o estatuto de uma História que deveria estudar o único e irrepetível, e em certa medida, portanto, o "incomparável". Os desenvolvimentos históricos do Historicismo pareciam reeditar, no que concerne à possibilidade de utilização do comparativismo histórico, a posição da história romântica frente às ambições generalizantes da história iluminista. De outro lado, tinha-se neste mesmo momento a emergência e consolidação de uma sociologia comparada que nascera sob a égide de um Positivismo de origem francesa e que, de certo modo, era herdeiro dos antigos pressupostos iluministas de que as sociedades humanas seriam regidas por leis naturais, invariáveis e independentes da vontade e da ação humana, e passíveis de serem apreendidas pelos cientistas sociais. Enquanto isso, também na Economia já se vinha praticando o comparativismo com propósitos generalizadores. Ainda no século XVIII, no momento mesmo da fundação da Economia Política, Adam Smith (1723-1790) propunha-se a empreender algumas comparações com vistas a formular sua teoria sobre *A riqueza das nações* (1776). Ao examinar a relação entre a agricultura e a irrigação na China e nos outros países asiáticos, objetivara contrastá-la com as cidades ocidentais-europeias, já caracterizadas pelas manufaturas e pelo comércio. Seu objetivo final fora chegar a uma generalização que propunha compreender os desenvolvimentos humanos a partir de quatro estágios históricos – caça, nomadismo, agricultura e comércio. As "tribos indígenas da América do Norte" são evocadas como o típico exemplo de "nações de caçadores, o grau de sociedade mais baixo e mais rudimentar"; os tártaros e os árabes aparecem como "nações de pastores, um estágio de sociedade mais avançado"; e os antigos gregos e romanos surgem como um exemplo mais acabado das nações de agricultores, "um estágio de sociedade mais avançado ainda" (SMITH, 1776).

As ciências sociais e humanas que se consolidavam no século XIX pareciam se apartar em alguma medida da concepção histórica que passara a preponderar com a supremacia historicista. Fundado na ambição de identificar "leis gerais" para o comportamento humano e para os processos sociais, o modelo sociológico então preponderante no século XIX parecia autorizar aos sociólogos o uso do comparativismo como instrumento fundamental de análise, permitindo-lhes situar em um mesmo quadrante cronológico diversas sociedades com o fito de compará-las com vistas a convalidar a ideia de que as ditas "leis gerais" seriam aplicáveis a todas estas sociedades.

Esta perspectiva, quando associada a um evolucionismo que também havia tomado impulso na mesma época com as propostas darwinianas, vinha frequentemente atravessada pela ideia de comparar as várias sociedades em relação ao padrão que seria considerado o ponto mais alto da evolução até o instante considerado – e, portanto, o ponto privilegiado para a observação da ação das leis naturais que conduziriam inevitavelmente à evolução ou ao progresso, para colocar a questão nos próprios termos positivistas. Estabelecido uma espécie de *continuum* histórico, seria possível situar e classificar desta maneira as diversas sociedades através da mútua comparação, e sobretudo através da comparação de todas com aquela sociedade que seria pretensamente considerada o ponto privilegiado a ser atingido – a própria civilização ocidental. Deste modo, esperava-se aferir o grau de evolução de cada sociedade ou, em certos casos, identificar com clareza os desvios de uma sociedade em relação ao caminho que poderia ou deveria conduzir ao padrão civilizacional trazido pelas sociedades europeias.

As diferenças, como se pode ver claramente, eram aqui acomodadas sutilmente em um discurso que buscava precisamente salientar, através de contraste, a superioridade de alguns povos em oposição à inferioridade de outros, e é muito interessante notar desde já que este tipo de proposição nada tinha de ingênuo e que trazia consigo estratégias de dominação cujos sintomas mais claros foram os diagnósticos e propostas de políticas de intervenção encaminhadas por alguns organismos internacionais na educação e sistemas culturais de países que se queria considerar subdesenvolvidos, sempre entendendo como padrão as metas e realizações dos países considerados desenvolvidos do ponto de vista europeu. Ao mesmo tempo, um comparativismo que propunha interligar certas características biológicas aos modos de comportamento do homem em sociedade – reforçando a ideia de uma hierarquia biológico-social – dava origem às teorias racistas mais sistematizadas, instituindo bases para esta mesma dominação.

É oportuno observar que, se aqui a comparação era o instrumento por excelência para impor o etnocentrismo – amparando-se na identificação da "diferença" como signo do "inferior", ou quando muito do "exótico" – já a abordagem comparativa seria utilizada no século XX, por antropólogos e historiadores, com vistas a romper ou questionar este mesmo etnocentrismo a partir de uma compreensão da diferença como um valor positivo. Para tal, o ato de comparar, nesse segundo momento, deveria vir acompanhado da recusa em reconhecer como um ponto de hierarquia mais alto o lugar de onde o cientista social fala e observa a sociedade não ocidental em estudo. Essa nova forma de consciência científica seria tarefa pioneira dos antropólogos, em sua conquista gradual de uma compreensão mais rica da alteridade, e com ela os historiadores – seja os motivados pela Escola dos *Annales*, seja os motivados pelos novos marxismos – aprenderiam cada vez mais a se libertarem dos horizontes etnocêntricos, com vistas a compreender efetivamente as sociedades no tempo.

Vale ainda lembrar que o comparativismo se tornaria um instrumento importante mesmo para as correntes sociológicas que logo passaram a questionar a precedência de "leis gerais" na análise social, e que propunham como ponto de partida uma sociologia indutiva que partisse da observação empírica. A corrente francesa liderada por Émile Durkheim (1858-1917), por exemplo, advogava entre as suas "regras do método sociológico" o "método das variações concomitantes", que se propunha a examinar para uma determinada problemática o maior número possível de casos, de modo a identificar padrões de causa e efeito (DURKHEIM, 2007). Este método comparativo, portanto, era aqui indutivo – partindo dos estudos de caso para somente depois alcançar a construção das formulações mais amplas.

Outros paradigmas sociológicos e historiográficos do século XIX também não deixaram de investir no comparativismo, mesmo que não explicitamente, encarando-o como um instrumento importante para a compreensão de sua época. Podemos lembrar a importância da comparação entre sociedades diversas para a consolidação da nova perspectiva historiográfica que começava a ser trazida pelo Materialismo Histórico[12].

---

12. O comparatismo em Marx, e em outros autores como Tocqueville, é discutido por Charles S. Maier em seu estudo sobre a História Comparada (1992: 12-13), antes de passar às contribuições do século XX.

3
A História Comparada das Civilizações, a História Total Comparada e a Sociologia Histórica Comparada de Weber

Se o comparativismo fora uma exceção entre os estudos históricos até as primeiras décadas do século XX, tudo mudaria após a Primeira Grande Guerra. Este traumático processo histórico, conforme veremos mais adiante, introduz de algum modo um verdadeiro corte epistemológico em muitas das ciências humanas, ou pelo menos nelas instaura preocupações inéditas e que estavam longe de ocupar os horizontes mentais dos cientistas sociais do século anterior. A rejeição dos horrores da guerra, em alguns casos, ou a resignação pessimista, em outros, parece ter de alguma maneira forçado ao olhar mais abrangente os historiadores que até então vinham se acostumando aos paradigmas das histórias nacionais ou de cunho meramente político. Começam a surgir neste período, seja da parte de historiadores de formação ou de sociólogos que passaram a investir em uma "sociologia histórica", os primeiros trabalhos voltados francamente para a comparação de sociedades distintas. Parece eclodir em boa parte da intelectualidade do entreguerras um desejo profundo de compreender o que de fato acontecera que permitira a que se conduzisse a humanidade europeia ao primeiro conflito mundial, e isto já não parecia possível dentro dos meros limites das histórias nacionais, isoladas umas das outras.

Um dos primeiros domínios historiográficos a abrigar a nova perspectiva metodológica fundada no comparativismo entre sociedades distintas foi o da História das Civilizações, aparecendo aqui as obras de Oswald Spengler (1879-1936) e de Arnold Toynbee (1889-1975) como os exemplos mais notáveis.

Spengler estava interessado em examinar os destinos de uma cultura específica, a da Civilização Ocidental, mas considerou que para realizar este intento seria necessário contrapô-la às demais civilizações históricas conhecidas. Propôs-se, então, em uma obra que lançaria com grande impacto em 1918, examinar as oito civilizações históricas por ele mesmo identificadas, considerando-as como organismos sujeitos a um mesmo ciclo vital que seria marcado pelas inevitáveis etapas do nascimento, juventude, maturidade, senilidade e morte (SPENGLER, 1926-1928). Seu método comparativo amparava-se na ideia de buscar diferenças entre estas civilizações – específicas embora homólogas no que concerne à sua inevitável sujeição ao ciclo vital – de modo a extrair destas diferenças comparadas a feição específica de cada uma. Ao mesmo tempo, Spengler perseguia também as analogias entre as diversas civilizações no que concerne à passagem de um estágio a outro, editando mais uma vez a ambição de generalizar os desenvolvimentos históricos das sociedades humanas.

Embora tenha sido um leitor bastante interessado em Spengler, Arnold Toynbee (1889-1975) chegara à ambição de construir uma História das Civilizações por um caminho distinto, e que de certo modo era tanto uma contrarresposta ao modelo das historiografias nacionais típicas do século XIX, como uma resistência diante da tendência monográfica do século XX, que já começava a render seus frutos sob a forma de "estudos de caso" ou mesmo das primeiras monografias de História Regional que logo atingiriam, em meados do século XX, o seu primeiro momento de intensa profusão. Com relação à velha História Política inspirada pelos exacerbados sentimentos nacionalistas que se ancoravam na estrutura inflexível de cada estado-nação, Toynbee acreditava que teria sido precisamente este sentimento nacionalista o principal responsável pelos massacres expressos pela Primeira Grande Guerra, entre os anos 1914 e 1918, e a isto contrapunha a ideia de que não seria possível compreender a história universal – a única que valeria realmente a pena – nos quadros estreitos dos estados-nação. Estes, para ele, não seriam mais do que membros de um corpo bem maior, a civilização, de modo que seria extremamente perniciosa a sua particularização em histórias isoladas – contrapartida teórica do recíproco digladiamento de que fora testemunha a Grande Guerra. Assim, para Toynbee, seria preciso sempre partir do todo – a História das Civilizações – para somente depois atingir as suas partes, representadas pelas histórias dos povos e nações.

Ao mesmo tempo em que rejeitava veementemente a história política e estatal aprisionada pelas molduras nacionais – à qual contrapunha a antítese de um padrão historiográfico que traria os conceitos de cultura e civilização para o primeiro plano[13] – Toynbee também acreditava que a História Monográfica,

---

13. O conceito de civilização é utilizado por Toynbee para definir um estágio superior a que determinada cultura conseguiu atingir, sendo importante ressaltar que o historiador inglês rompe com o uso etnocêntrico que vinha sendo impingido a este conceito por intelectuais europeus que costumavam aplicar a palavra "civilização" apenas à cultura ocidental. Assim Toynbee asseverava que das inúmeras culturas existentes (cerca de 650, segundo um estudioso da época no qual se baseara o historiador inglês), apenas algumas poucas tinham tido sucesso em alcançar o patamar de civilizações.

atravessada por este hiperespecialismo que seria tão característico do mundo contemporâneo, era na verdade uma espécie de "perversão inerente à sociedade industrial", um "estreitamento de horizontes" (TOYNBEE, 1934: 27). Nesta crítica à historiografia monográfica, aliás, Toynbee deve ser situado em campo adverso à posição assumida por Lucien Febvre em 1922, que em *A Terra e a evolução humana* sustenta uma proposta de estímulo à produção monográfica com vistas à realização de uma espécie de "mega-história comparada", simultaneamente construída a muitas mãos e a partir de um movimento de baixo para cima:

> Quando possuirmos mais algumas boas monografias regionais novas – então, só então, reunindo seus dados, comparando-os, confrontando-os minuciosamente, poderemos retomar a questão de conjunto, fazer com que dê um passo novo e decisivo – tenha êxito. Proceder de outro modo seria partirmos, munidos de duas ou três ideias simples e grosseiras, para uma rápida excursão. Seria, na maioria dos casos, deixarmos de ver o particular, o indivíduo, o irregular, isto é, em suma, o mais interessante (FEBVRE, 1922: 90).

O interesse pelos regionalismos, contudo, passava muito longe das preocupações de Arnold Toynbee. Ambicionando fazer da história algo mais grandioso, que pudesse transformá-la em um monumental instrumento para a compreensão humana e para uma explicação da crise que o Ocidente expressara a partir das duas guerras mundiais, o historiador inglês pôs-se entre 1934 e 1961 a examinar comparativamente a história do mundo, até identificar 21 civilizações para as quais estava particularmente preocupado em estabelecer analogias válidas, ao mesmo tempo em que buscava rejeitar o pessimista "ciclo vital" proposto por Oswald Spengler. Embora reconhecendo como um dos modos de desenvolvimento da humanidade o aspecto "cíclico", Toynbee matizava-o com outro aspecto igualmente importante – o modo de desenvolvimento progressivo. Se as civilizações podiam decair, também tinham a possibilidade de saírem-se bem-sucedidas em uma espécie de "luta pela sobrevivência", bem ao estilo darwinista, na qual desempenharia um papel importante um mecanismo de "incitação e resposta" que seria o verdadeiro motor das civilizações. Entre a contemplação do pessimista "ciclo vital" proposto por Spengler e a bem calculada adaptação da ideia de um "mecanismo de incitação e resposta", importado da Teoria Evolucionista de Darwin, a obra de Toynbee flutua sobre o pessimismo e a esperança.

> Creio na iminência de um mundo único, e creio que no século XXI a vida humana vai ser novamente uma unidade, em todos os aspectos e atividades. Creio que no campo da religião, o sectarismo vai ser subordinado ao ecumenismo; que no campo da política o nacionalismo vai ficar subordinado ao governo mundial; e que no campo do estudo dos assuntos humanos a especialização vai ser subordinada a uma visão abrangente (TOYNBEE, 1934).

Com vistas a comprovar este modelo mais acabado que – embora admitindo a ideia de "declínio de civilizações", também incorpora a ideia de "sobrevivência das civilizações" – Toynbee dedicar-se-ia a um sistemático comparativismo histórico amparado em uma vasta erudição. Seu ponto de partida fora o trauma da Primeira Grande Guerra, este que também motivaria a emergência de outros projetos de História Comparada, como o de Bloch ou o de Pirenne. Com relação ao impacto da Primeira Guerra Mundial na obra de Toynbee, é oportuno lembrar que, em seu depoimento intitulado "Minha visão de História", Toynbee identifica-se sintomaticamente com o historiador grego Tucídides, com a sua motivação de encontrar na História as causas para o trágico desastre da *Guerra do Peloponeso* – este conflito de inúmeras batalhas entre os antigos atenienses e espartanos que terminaria por arruinar definitivamente a civilização grega. Comparando o conflito mundial de 1914 aos conflitos do Peloponeso entre os gregos antigos – e a si mesmo com o antigo historiador grego que tanto se impressionara com a tragédia ateniense-espartana – Toynbee formulara para si mesmo a ideia de que a Civilização Ocidental e a Civilização Helênica possuíam não apenas aspectos em comum como também tinham sido levadas a percorrer uma trajetória análoga de ascensão, apogeu e declínio.

A possibilidade de comparar civilizações distanciadas no espaço e no tempo, desta maneira, tomou forma como um projeto que visava compreender a humanidade através da iluminação recíproca entre as suas diversas civilizações históricas. O resultado deste grandioso empreendimento que se fundou sobre o atento exame de diversificadas civilizações foi a monumental obra *Um estudo de História*, edificada em doze volumes que faziam do comparativismo histórico uma verdadeira missão. Será oportuno ressaltar que o próprio plano fundador do *Estudo da História* de Toynbee já traz a evidência de que, desde o princípio, o historiador inglês já se colocava diante da questão de construir sistematicamente uma autêntica História Comparada das Civilizações, e não diante da perspectiva de elaborar uma História das Civilizações construída a partir da superposição de estudos históricos de civilizações distintas:

(I) Introdução – A gênesis das civilizações

(II) O crescimento das civilizações

(III) O colapso das civilizações

(IV) A desintegração das civilizações
(V) Estados Universais
(VI) Igrejas universais
(VII) Idades heroicas
(VIII) Contatos entre as civilizações no espaço
(IX) Contatos entre as civilizações no tempo
(X) Ritmos das histórias das civilizações
(XI) As perspectivas da civilização ocidental
(XII) A inspiração dos historiadores (XIII)

    A perspectiva de uma autêntica História Comparada, como se vê, atravessa de alto a baixo o roteiro da monumental obra de Toynbee. Para além disto, será importante situar ainda a História Comparada das Civilizações produzida pelo historiador inglês em um duplo contraste que é esclarecido pelo próprio autor. Essa deveria guardar distância não apenas em relação à velha crônica política dos estados nacionais e à "história dos grandes homens" apregoada por Thomas Carlyle no século XIX, como também em relação à história edificada sobre a busca da descrição das forças produtivas e seus conflitos de classe, tal como propunha a perspectiva trazida pelo Materialismo Histórico. Para Toynbee, a História deveria se ocupar da análise de questões bem mais amplas, ao nível das civilizações, e era essencialmente este o seu projeto de História Comparada.

    As contribuições de Spengler e Toynbee fundaram uma linha de reflexão que se estende para as gerações seguintes, embora sem maior impacto, sendo oportuno observar que bem mais tarde, já no fim do século XX, a análise comparativa de civilizações seria retomada com maior vigor por autores como Samuel Huntington – preocupados com *O choque das civiliza-*

ções (HUNTINGTON, 1997)[14]. De qualquer maneira, é importante salientar que não partiu apenas de Toynbee a única crítica às molduras nacionais que aprisionavam o velho modelo de História preconizado no século XIX. Longe disto, tal como já fizemos notar no início deste ensaio, esta era na verdade uma reivindicação de diversos dos historiadores do entreguerras, e o mais claro sintoma disto foi um congresso realizado em Bruxelas onde se discutiu intensamente a necessidade de superação do modelo das histórias nacionais aprisionadas em compartimentos estanques. Ao lado da História das Civilizações, proposta por Spengler e mais tarde por Toynbee, começava a surgir desde ali também uma outra resposta, a de uma História Total que considerasse o conjunto de nações europeias em sua relação recíproca – sendo este o objetivo do historiador belga Henri Pirenne (1862-1935) ao propor o uso da comparação com vistas a construir uma *História europeia* (PIRENNE, 1981).

Deve-se lembrar, aliás, que foi uma conferência de Henri Pirenne sobre as possibilidades de uma História Comparada, proferida em 1923 no V Congresso Internacional de História (PIRENNE, 1923: 19-32), o que logo motivaria Marc Bloch a publicar *Os reis taumaturgos* (1924), a primeira grande obra a realizar concretamente um projeto mais consistente e específico de comparativismo histórico, conforme veremos adiante. Além disto, com esta conferência primordial, Henri Pirenne

---

14. Cf. tb., para registro das Histórias de Civilizações posteriores à de Spengler e Toynbee, as obras de outros autores: (1) Bagby, 1958. (2) Coulborn, 1959. (3) Quigley, 1961. (4) Melko, 1969. Numa perspectiva bem distinta deve ser considerada a *Gramática das Civilizações* de Fernando Braudel, que não pode ser considerada sob o prisma da História Comparada das Civilizações, já que o que se realiza é uma superposição de Histórias de Civilizações (BRAUDEL, 1989). / Para um ensaio teórico-metodológico sobre a comparação de civilizações cf. OSTGERHAMMEL, 2001.

colocava definitivamente em pauta um novo tema para a Teoria da História[15], e é sintomático que, também no ano seguinte, Lucien Febvre, companheiro de Marc Bloch na fundação da Revista dos *Annales*, tenha publicado ele mesmo um pequeno, mas sintomático artigo reunindo observações sobre a pesquisa em história comparada (FEBVRE, 1924). Com relação à *História europeia* de Henri Pirenne, embora esta priorize a dimensão econômica, e ainda se restrinja ao âmbito europeu, postulamos que se encontram aqui os primórdios de uma ambição comparativa totalizante que mais tarde terminaria desembocando no modelo de História Total preconizado pelo Fernando Braudel das "economias-mundo" – incorporando-se aqui outras preocupações como a cultura, as relações do homem com o espaço, ou mesmo a política já em um novo sentido que não o do século XIX. Mas por ora atenhamo-nos a este momento catalisador produzido pela crise do pós-guerra – verdadeiro cadinho para a fermentação das novas formas de comparativismo histórico.

Compreende-se perfeitamente que a época fosse propícia a quebrar os isolamentos propostos pelas histórias nacionais, pois, tal como se disse, foram precisamente estas perspectivas autocentradas que haviam dado origem aos processos históricos que conduziram ao confronto de nações que se consubstanciou na Primeira Grande Guerra, o primeiro conflito contemporâneo de grandes proporções que não se apresentava mais como localizado. Nesta esteira, para além dos caminhos apontados por Spengler e Pirenne, a contribuição mais substancial da História

---

15. Rigorosamente falando, pode ser atribuída a Louis Davillè a introdução de uma discussão teórico-metodológica mais específica sobre o comparativismo histórico na historiografia de língua francesa, com uma série de artigos publicados na *Revue de Synthèse Historique* (DAVILLÉ, 1913a, 1913b; 1914). Sobre isto, cf. Theml e Bustamante, 2007: 2.

Comparada ainda estava por se consolidar em uma quarta via, brilhantemente inaugurada por Marc Bloch na sua conferência de 1928. Antes de examiná-la, porém, será oportuno discutir uma outra contribuição que, também esta, deixaria inúmeros frutos para as gerações seguintes de sociólogos e historiadores: a de Max Weber.

Max Weber (1864-1920) – sociólogo que produziu importantes trabalhos que hoje poderiam ser perfeitamente compreendidos como historiográficos – imprime novo rumo à antiga linha de comparativismo que já vinha sendo elaborada pelas ciências sociais desde o século XIX. Com ele, nota-se um papel muito importante da historicidade, e é oportuno notar que nesta mesma linha de cuidadosa atenção aos conteúdos históricos também iremos encontrar pouco depois Norbert Elias (1897-1990).

Duas das obras de Max Weber podem ser tomadas como exemplificativas de encaminhamentos distintos do uso da comparação para examinar sociedades historicamente localizadas ou processos históricos. Em um primeiro grupo, seus estudos sobre *A cidade* correspondiam a um recorte transversal sobre o fenômeno urbano, considerando-o nas diversas épocas, de modo a construir "tipos ideais" de cidades que permitissem confrontar a cidade antiga, a cidade medieval e a cidade contemporânea (WEBER, 1966). Em um segundo grupo de usos do comparativismo, aparece como grande modelo o seu estudo sobre as relações da religião com o desenvolvimento do capitalismo, consolidado pela obra *A ética protestante e o espírito do capitalismo* (1904) (WEBER, 2004). Neste caso, a comparação buscava delimitar, através das diferenças, os elementos singulares presentes na formação e desenvolvimento do capitalismo. Confrontando os dois sistemas de uso do comparativismo, ambos presentes em Max Weber, o primeiro produzia "tipos ideais"

41

dispostos em blocos de tempo – o período medieval, moderno, contemporâneo – enquanto o segundo sistema de uso do comparativismo buscava examinar um processo específico, o da formação e desenvolvimento do capitalismo na História Ocidental, de modo a confrontá-lo com processos distintos no restante do mundo. Com relação ao comparativismo presente na *Sociologia da religião* (WEBER, 1968), deve ser aproximado do primeiro modelo, oferecido pelo estudo das cidades.

A contribuição de Max Weber para o comparatismo histórico é primordial não apenas pela ampliação da perspectiva metodológica, mas também pelo rompimento das barreiras interdisciplinares que ela implica. Weber – sociólogo – faz-se na verdade historiador, e historiador de um novo tipo. A partir daqui poderemos observar com alguma frequência, e desde já será importante pontuar isto, que o campo de estudos da História Comparada será frequentado não apenas por historiadores profissionais de formação, mas também por sociólogos, antropólogos, cientistas políticos, economistas, geógrafos, arquitetos e ecologistas, desde que adentrem este novo campo de conexões munidos de uma perspectiva histórica bem definida. Mais adiante, quando enumerarmos exemplificativamente alguns trabalhos importantes de História Comparada, encontraremos entre os seus autores intelectuais oriundos destes diversificados campos de formação, mas que de alguma maneira se fizeram historiadores. A História Comparada, enfim, deverá ser pensada como território livre, que não pertence apenas a historiadores de formação e que não admite cercas. Para a história da formação deste campo interdisciplinar, certamente a contribuição de Max Weber mostrou-se pioneira. Paul Veyne, rendendo-lhe as devidas homenagens, assim se expressa relativamente aos estudos de Weber sobre *A cidade*:

A obra histórica mais exemplar de nosso século é a de Max Weber, que apaga as fronteiras entre a história tradicional, a sociologia e a história comparada [...]. A cidade é um amplo estudo comparativo do habitat urbano através de todas as épocas e de todas as civilizações. Da comparação Weber extrai regras (VEYNE, 1983).

Com a obra de sociologia histórica produzida por Max Weber, completa-se o panorama inicial do comparativismo histórico. Mas a contribuição definitiva, tal como se disse, ainda estava por vir. Os caminhos até aqui examinados, na verdade, desenvolvem-se paralelamente à consolidação da primeira formulação mais sistemática de um método comparativo como parte do *metier* do historiador moderno: esta seria precisamente a contribuição de Marc Bloch (1886-1944), e aqui já poderemos efetivamente falar na constituição de uma História Comparada no sentido em que entendemos hoje este campo, pelo menos em uma de suas possibilidades.

4
Marc Bloch e a sistematização do método comparativo na História

A contribuição de Marc Bloch (1886-1944) para a História Comparada foi, já o dissemos, primordial – ou mesmo refundadora. Sua História Comparada é, antes de tudo, uma "História Comparada Problema". Mas para além disto, Bloch teve grande importância como sistematizador do método comparativo de maneira geral, seja a partir de suas considerações teóricas – expressas em dois textos importantes[16] – seja a partir de suas realizações práticas. Será imprescindível compreender, neste caso, o seu esforço de sistematização – este que hoje pode beneficiar os historiadores comparatistas de diversificadas vertentes.

Para melhor clarificar os conceitos fundacionais relacionados à questão da História Comparada, de acordo com a via que se consolidaria a partir de Marc Bloch, convém, antes de mais nada, distinguir a "História Comparada "propriamente dita – vista aqui como um campo intradisciplinar específico – do "comparativismo histórico", em sentido mais amplo.

De um modo ou de outro, o historiador sempre utilizou a comparação como parte de seus recursos para compreender

---

16. (1) Bloch, 1928: 15-50. (2) Bloch, 1930. Para uma análise da perspectiva de História Comparada e Marc Bloch, cf. Sewell, 1976: 208-218.

as sociedades no tempo, embora não necessariamente como um método sistematizado. De todo modo, poderemos lembrar aqui a formulação de Paul Veyne, que retoma um pressuposto de Giambatista Vico e considera que "toda história é história comparada" (VEYNE, 1983)[17]. Sobre esta questão, diremos que – mesmo quando nos referimos ao comparativismo como método – é evidente que poderemos sempre atribuir um sentido mais específico ao "comparativismo histórico" como abordagem possível, e não como algo que estaria implícito a todo o "fazer histórico" consoante a fórmula enunciada por Veyne.

"Comparar", "elencar semelhanças e diferenças" e "estabelecer analogias" são naturalmente ações tão familiares ao historiador como contextualizar os acontecimentos ou dialogar com as suas fontes. Mas para falarmos em um "método comparativo" é preciso, tal como já pontuamos no início deste ensaio, ultrapassar aquele uso mais próximo da intuição e da utilização cotidiana da comparação para alcançar um nível de observação e análise mais profundo e sistematizado, para o qual "o que se pode comparar" e o "como se compara" tornam-se questões relevantes, fundadoras de um gesto metodológico.

Posto isto, já para definir a "História Comparada" como um campo específico, consideraremos ainda que será preciso se ter em vista uma modalidade que não apenas lança mão do "comparativismo histórico" como método – por exemplo, como método aplicável à análise de determinados tipos de fontes ou séries de acontecimentos – e sim uma modalidade que estabelece campos de trabalho ou de observação muito bem delineados. A

---

17. Referindo-se a um outro âmbito de questões, também Witold Kula ressalta a ideia de que nenhum trabalho científico, por limitado e monográfico que seja, pode dispensar totalmente o método comparativo, o que inclui a História (KULA, 1973: 571).

História Comparada, antes do mais, seria uma modalidade historiográfica que atua de forma simultânea e integradora sobre campos de observação diferenciados e bem delimitados – campos, a bem dizer, que ela mesma constitui e delineia. Para o caso daquele tipo de História Comparada que coloca em confronto duas realidades nacionais diferenciadas, estes campos podem ter até suas bases já admitidas por antecipação, é verdade, mas sempre é bom se ter em vista que os universos a serem comparados nas ciências humanas são sempre de algum modo construções do próprio historiador ou do cientista social – não são necessariamente conjuntos já dados ou passíveis de serem admitidos previamente, frisaremos aqui.

Situados estes parâmetros iniciais, estaremos discorrendo a seguir sobre a História Comparada como um campo histórico definido simultaneamente por um certo tipo de objetos – universos diferenciados postos em comparação e em iluminação recíproca – e por uma abordagem já específica, de modo que aqui a História Comparada e o "comparativismo histórico" se encontrarão aqui em uma prática historiográfica bastante singular.

Retornemos por ora – no ponto em que havíamos interrompido a nossa narrativa sobre a constituição da História Comparada como campo intradisciplinar – à emergência da motivação comparativista entre os historiadores do período entreguerras. De maneira análoga a Henri Pirenne, Marc Bloch estava bastante interessado por volta dos anos 1930 em dar encaminhamento a um programa que já vinha idealizando há alguns anos e que cuidaria de elaborar uma história comparada das sociedades europeias – um programa que, se realizado, permitiria ao historiador um acesso efetivo às causas fundamentais que estavam na base das semelhanças e diferenças entre as diversas sociedades europeias. Com esta modalidade de estudos que alguns anos antes fora tão bem exemplificada com a instigante comparação entre as sociedades medievais inglesa e francesa a partir da obra *Os reis taumaturgos* (1924), o intuito de Bloch era também o de liberar o historiador das fronteiras artificiais que até então vinham sendo delimitadas pelas clausuras nacionais e governamentais da velha história política no século XIX. Comparar, também aqui, era ver de uma nova maneira, ultrapassar condicionamentos que haviam sido impostos aos historiadores por mais de um século através de um paradigma historiográfico que se ancorava na moldura político-estatal monocentrada. Sobretudo, comparar era estabelecer uma comunicação possível entre as várias histórias que até então pareciam fundar-se no isolamento, e, neste mesmo sentido, comparar trazia uma verdadeira esperança de comunicação entre os povos:

> A história comparada, tornada mais fácil de se conhecer e de se utilizar, animará com seu espírito os estudos locais, sem os quais ela nada pode, mas que, sem ela, a nada chegariam. Numa palavra, deixemos, por favor, de falar eternamente de história nacional para história nacional, sem nos compreendermos (BLOCH, 1928: 40).

A bem fundamentada perspectiva deste novo tipo de comparativismo histórico que estava em gestação tem precisamente como um de seus marcos teóricos mais importantes o célebre VI Congresso Internacional de Ciências Históricas de Oslo (1928), no qual Marc Bloch desenvolveria uma conferência – logo transformada no já mencionado artigo de 1928 – que objetivava refletir precisamente sobre as potencialidades do estudo comparado na História (BLOCH, 1928: 15-50). Na verdade, estas considerações teóricas de Bloch sobre o comparativismo histórico podem ser consideradas uma decorrência de sua primeira realização prática neste sentido: a obra *Os reis taumaturgos* (1924), que havia sido publicada alguns anos antes, em 1924. Será oportuno retomarmos, neste momento, as reflexões de Marc Bloch sobre o comparativismo histórico, pronunciadas no Congresso de Oslo.

Em primeiro lugar, Marc Bloch procura fixar os requisitos fundamentais sobre os quais poderia ser constituída uma História Comparada que realmente fizesse sentido. Sua conclusão é a de que dois aspectos irredutíveis seriam imprescindíveis: de um lado uma certa similaridade dos fatos, de outro, certas dessemelhanças nos ambientes em que esta similaridade ocorria. A semelhança e a diferença, conforme se vê, estabelecem aqui um jogo perfeitamente dinâmico e vivo: sem analogias, e sem diferenças, não é possível se falar em uma autêntica História Comparada[18].

De igual maneira, Bloch visualizou dois grandes caminhos que poderiam ser percorridos pelos historiadores dispostos a lançar mão do comparativismo na História. Seria possível comparar sociedades distantes no tempo e no espaço, ou, ao contrário, sociedades com certa contiguidade espacial e temporal. No caso da comparação de sociedades distanciadas no espaço e no tempo tinha-se uma situação singular: a ausência de interinfluências entre as duas sociedades examinadas. Neste caso, o trabalho consistiria basicamente na busca de analogias – situação para a qual poderemos exemplificar com a possibilidade de estabe-

---

18. Podemos perceber a sintonia entre esta proposição inicial de Marc Bloch e o delineamento proposto por Jurgen Kocka sobre o que seria uma "comparação em História", décadas depois, em uma época na qual a História Comparada já está estabelecida como campo intradisciplinar específico: "comparar em História significa discutir dois ou mais fenômenos histórico-sistematicamente a respeito de suas singularidades e diferenças de modo a se alcançar determinados objetivos intelectuais" (KOCKA, 2003: 40).

lecer uma comparação entre o que se poderia chamar de "feudalismo europeu" e o que poderia ser denominado "feudalismo japonês", duas realidades afastadas no espaço, em uma época em que não poderiam transmitir influências uma à outra[19]. Os riscos típicos deste caminho representado pela possibilidade de comparação entre sociedades não contíguas é naturalmente o da falsa analogia ou do "anacronismo" – transplante de um modelo válido para uma época ou espacialidade social para um outro contexto histórico onde o modelo não tenha sentido real, correspondendo apenas a uma ficção estabelecida pelo próprio historiador.

Quando nos referirmos a "sociedades contíguas", teremos em vista que o próprio conceito de contiguidade muda de uma época em relação à outra. Na época da mundialização, e mais ainda, no período da globalização, duas sociedades afastadas espacialmente têm possibilidades imediatas de interinfluência, não correspondendo à situação estanque que se tinha nos períodos em que a comunicação era menos imediata. De igual maneira, cabe salientar que a comparação não precisa relacionar necessariamente realidades nacionais distintas, podendo corresponder também a ambientes sociais distintos, que se pretenda comparar. Posto isso, consideraremos o segundo grande caminho apontado por Marc Bloch para uso da comparação histórica – na verdade aquele que ele mesmo preconizava como preferível. Trata-se aqui de comparar sociedades próximas no tempo e no espaço, que exerçam influências recíprocas. A vantagem de comparar

---

19. Exemplo de História Comparada envolvendo sociedades distanciadas, agora relativamente às suas temporalidades, está na pesquisa de Robert Darnton sobre a censura, a qual o historiador americano examina em três espaço-tempos diversificados: França do Antigo Regime, Índia britânica do século XIX, e Alemanha Oriental do século XX (cf. "Entrevista com Robert Darnton". In: PALLARES-BURKE, 2000: 233-267).

sociedades contíguas está precisamente em abrir a percepção do historiador para as influências mútuas, o que também o coloca em posição favorável para questionar falsas causas locais e esclarecer, por iluminação recíproca, as verdadeiras causas, inter--relações ou motivações internas de um fenômeno e as causas ou fatores externos. Será importante ainda salientar que, para empreender este caminho da História Comparada que atua sob realidades históricas contíguas – por exemplo, duas realidades nacionais sincrônicas –, o historiador deve estar apto a identificar não apenas as semelhanças como também as diferenças. O exemplo mais concreto que Marc Bloch pôde oferecer desta abordagem, já aplicada a uma investigação histórica específica, foi a sua primorosa obra de 1924: *Os reis taumaturgos* (1993). Ao mesmo tempo, o artigo teórico elaborado em 1928 pelo historiador francês tornou-se uma espécie de pedra fundamental da História Comparada, no qual já veremos claramente os caminhos privilegiados por Marc Bloch no interior desta modalidade historiográfica em formação:

> Estudar paralelamente sociedades vizinhas e contemporâneas, constantemente influenciadas umas pelas outras, sujeitas em seu desenvolvimento, devido a sua proximidade e a sua sincronização, à ação das mesmas grandes causas, e remontando, ao menos parcialmente, a uma origem comum (BLOCH, 1928: 19).

O que se havia realizado em *Os reis taumaturgos* senão este modelo? Teremos aqui duas sociedades medievais vizinhas – a francesa e a inglesa –, ambas com um imaginário em comum e com repertórios de representações similares, que serão investigados pelo historiador à luz de um mesmo problema comum que os atravessa: o da crença popular no poder taumatúrgico de seus reis. As duas sociedades se interinfluenciam; as duas cortes que se beneficiam das representações taumatúrgicas – a capetíngia na França e a plantageneta na Inglaterra – rivalizam uma com a outra, movimentam-se, mesmo, no contexto desta iluminação e rivalidade recíprocas. O material histórico adequa-se, portanto, ao caminho proposto pelo modelo preconizado por Bloch: duas sociedades sincrônicas que guardam entre si relações interativas, e que juntas oferecem uma visão clara de um problema comum que as atravessa. Sem uma ou outra, no mero âmbito de uma história nacional, não poderia ser compreendida a questão da apropriação política do imaginário taumatúrgico que se desenvolve nas monarquias europeias, das origens em comum deste mesmo imaginário, das intertextualidades que se estabelecem, do confronto do modelo taumatúrgico com outros modelos de realeza. Assim, História Comparada das realezas francesa e inglesa através do imaginário taumatúrgico contribui, de algum modo, para compreender a Europa de maneira mais plena, atendendo a um projeto mais ambicioso que reage contra o aprisionamento do historiador seja no particularismo local, seja nos modelos mais inflexíveis da história política de bases nacionais que grassava quase que exclusivamente na historiografia europeia do século XIX.

5
Uma História-problema Comparada

A reflexão sobre as contribuições de Marc Bloch para o comparativismo histórico permitirá que avancemos na compreensão acerca de uma nova modalidade de História Comparada que surge precisamente com este fundador da Escola dos *Annales*. É bem conhecida a mais emblemática contribuição da Escola dos *Annales*, ainda na terceira década do século XX, para uma nova perspectiva historiográfica que ficaria bem sintetizada em uma palavra então emergente no vocabulário historiográfico: a História-problema. Contra uma historiografia factual que ainda dominava vários postos institucionais e a maior parte das oportunidades de poder e saber nos ambientes historiográficos acadêmicos – uma historiografia predominantemente narrativa, eventualmente descritiva, mas em todos os casos muito pouco analítica – os primeiros *annalistas* passaram a opor a ideia de uma história problematizada, analítica, construída a partir do presente como forma de iluminar o passado a partir de uma luz especial que daria a cada novo trabalho historiográfico uma nova singularidade. À antiga frase de Signobos, que afirmava que "sem documento não há história", a nova geração de historiadores trazida pelos *Annales* proclamaria: "sem problema, não há História". Desta maneira, o início da operação historiográfica deslocava-se da descoberta e análise crítica de documentos para a delimitação de um "problema" ou problemática que necessariamente deveria atravessar o recorte espaçotemporal de uma pesquisa histórica.

A historiografia não problematizada – que se comprazia em narrar os fatos ou descrever sociedades – poderia ser definida por dois pontos apenas: a delimitação espacial e a delimitação temporal. Uma vez escolhido um espaço de estudo – um país, um governo, uma região, um ambiente social – e uma temporalidade bem definida por um recorte bem definido de tempo, bastava ao historiador historizante ir aos documentos, que muitos encaravam como meras fontes de informações a serem extraídas pelos historiadores. Se quisermos enfrentar o desafio de tentar representar, através de uma única imagem geométrica, o delineamento de um recorte historiográfico neste tipo de historiografia meramente factual ou descritiva, dificilmente encontraríamos melhor imagem do que a da linha reta:

RECORTE ESPACIAL  RECORTE TEMPORAL

A "História Historizante", para utilizar uma expressão muito utilizada por Lucien Febvre e Marc Bloch para se referir à história factual que ainda era muito comum em sua época, apresenta-se nesta imagem como uma história de duas dimensões apenas. Definida a espacialidade e o período de tempo, já se encontra imediatamente delineado o objeto de estudo. A espacialidade, é claro, não precisa neste caso se referir necessariamente a um espaço físico ou administrativo, podendo remeter também a certo ambiente social como a "vida na corte", o "meio universitário", o mercado, ou qualquer outro recorte que será aqui definido como o "espaço temático". Assim mesmo, é bastante conhecido pela história da historiografia ocidental o fato de que era muito comum, na historiografia que Marc Bloch e Lucien Febvre pretenderam combater na época da fundação dos *Annales*, a eleição de um "espaço nacional". Mas não será nosso objetivo, neste momento, discutir esta questão que é, sem dúvida, uma das mais visitadas pela história da historiografia, e que corresponde à superação de uma tradicional "História (da) Política" em favor de uma História Econômico-social e, mais tarde, abrindo-se também a outros campos como a Demografia, a Cultura, as Mentalidades, o Imaginário, e finalmente a uma nova História Política, já em bases inteiramente novas.

Avancemos em nossa reflexão sobre o que teria representado para a historiografia europeia a introdução de uma "História-problema". Se tivéssemos que seguir adiante em nosso esforço de encontrar uma imagem, agora visando esta nova postura historiográfica, uma figura bastante adequada seria a do triângulo:

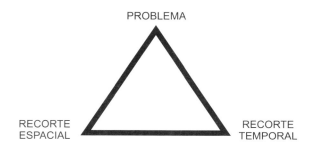

Um "problema", para esta nova postura historiográfica, seria parte necessária e incontornável da constituição de um objeto historiográfico ou de um recorte temático. Até hoje predomina esta maneira de conceber o trabalho historiográfico: não se tem ainda as condições para o início e desenvolvimento de uma pesquisa historiográfica em termos modernos quando não se tem um problema.

Busquemos agora, em nosso pequeno exercício de trazer visualidade à diferença entre as várias posturas historiográficas, uma imagem para o que seria uma "história comparada problema" (ou uma História-problema Comparada, se quisermos). Este novo tipo de história, naturalmente, precisaria articular dois ou mais triângulos como o que figuramos acima. Consideraremos, por exemplo, uma pesquisa de história comparada que envolve dois recortes espaciais distintos na mesma época (essa é uma das alternativas do modelo de história comparada que, conforme vimos no item anterior, seria sugerido por Marc Bloch). Proporemos uma imagem para discussão:

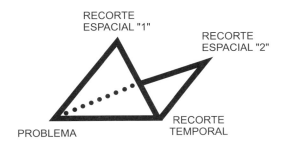

A imagem acima pode se aplicar a qualquer investigação de história comparada que esteja trabalhando com um duplo recorte espacial inserido em uma mesma temporalidade, inclusive a já discutida obra *Os reis taumaturgos* (1924). Temos dois triângulos articulados, mas cada um em seu próprio plano. Trata-se, por assim dizer, de dois recortes de pesquisa em articulação, pois em última instância é disto que se trata. O triângulo que estamos enxergando em primeiro plano (e isto é mera convenção, já que não há neste caso um triângulo mais importante do que o outro) corresponde ao primeiro recorte de pesquisa. Digamos que, para o caso da obra *Os reis taumaturgos*, seria o recorte da dinastia capetíngia (ou da França no período medieval, com extensões até o século XVII). Já o segundo triângulo, que na figura que desenhamos encontra-se no segundo plano de observação, corresponderia ao segundo recorte de pesquisa: a dinastia plantageneta (Inglaterra do mesmo período).

Observemos que, para os dois recortes, o "recorte temporal" permanece o mesmo, já que aqui se tratam de duas sociedades em relação de simultaneidade, envolvidas pela mesma temporalidade. Por isso, os dois triângulos apresentam um vértice em comum, que corresponde ao recorte temporal, da mesma forma que apresentam um segundo vértice em comum: o Problema. O Problema, conforme já vimos para a obra *Os reis taumaturgos*, corresponderia à questão da difusão de um certo imaginário relativo ao poder de cura dos reis através do toque. É este mesmo problema, com seus múltiplos desdobramentos, que atravessa a investigação historiográfica como um todo, cujos objetos encontram-se inseridos também em uma mesma temporalidade, mas em espacialidades distintas (embora contíguas).

Poderia se dar também que estivéssemos analisando duas sociedades relativas ao mesmo recorte espacial (a sociedade francesa, por exemplo), mas em temporalidades diferenciadas. Teríamos aqui a investigação de um mesmo problema, e neste mesmo espaço, mas em dois momentos distintos da História, de modo a identificar a partir daí as diferenças entre os dois períodos. Para tal, continua aplicável a visualidade proposta a partir das duas figuras, necessitando-se apenas de um pequeno reajuste na nomeação dos vértices:

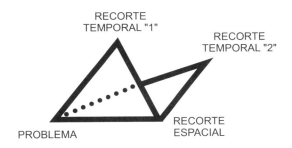

A "História Comparada Problema", como toda História-problema, corresponde a uma nova dimensão que se acrescenta à história, o que a eleva da dimensão mais limitada da "linha" para a dimensão mais complexa do plano. Contudo, por ser comparada – vale dizer, por envolver a comparação entre dois recortes unidos por um problema em comum, a "História Comparada" problematizada termina por avançar para uma configuração ainda mais complexa, que articula dois ou mais planos, o que a introduz em uma terceira dimensão (se quisermos continuar investindo na ideia de representar visualmente este tipo de história).

6
Caminhos e descaminhos da História Comparada no pós-guerra

Apesar da imprescindível pedra fundamental lançada por Marc Bloch, ainda teríamos que esperar algumas décadas por uma produção mais substancial de História Comparada já sob a égide dos preceitos aqui mencionados por Bloch. Na verdade, os caminhos da História Comparada no segundo pós-guerra produziram ainda poucas contribuições, muitas delas hoje questionáveis. A análise histórica marxista proposta por Stalin, por exemplo, almejava identificar uma única e necessária forma de sucessão de modos de produção, e portanto conduzia a análise comparada com vistas a sustentar que as diversas sociedades se comportariam da mesma maneira no que concerne ao desenvolvimento dos processos históricos. Este padrão de análise, naturalmente, trazia íntimas relações com um certo modo de exercer um controle sobre o pensamento de esquerda, de se apropriar deste mesmo pensamento para exercer um certo imperialismo soviético no contexto da Guerra Fria. Enxergar a realidade de modo diverso, na União Soviética Stalinista, podia implicar sérias sanções ou mesmo na deportação para os campos prisionais situados na Sibéria. No contexto stalinista, portanto, pode-se dizer que um certo padrão de História Comparada – atrelado a um resultado que de antemão já se espera – atendia a claros propósitos de dominação. Trabalhar com a História Comparada na Rússia Stalinista estava longe de ser um exercício intelectual livre e descompromissado. Tinha-se aqui uma disciplina e um método que atendia a uma determinada visão de mundo – um método que deveria prestar contas a uma certa maneira de conceber e comprovar a realidade histórica.

Obviamente que, se havia no lado soviético da Guerra Fria o uso do comparativismo histórico com fins de dominação e imposição de uma ideia preconcebida, também o lado americano produziria a sua contrapartida comparativista, com análogas intenções de forjar a ideia de um desenvolvimento único, só que de uma maneira que interessasse ao capitalismo internacional. O profeta do "comparativismo de mão-única", nos Estados Unidos, foi Walt Whitman Rostow, um economista nascido em 1916. A História Econômica proposta por Rostow amparava-se em modelos evolucionistas que buscavam comprovar a mesma sequência de desenvolvimento em diferentes contextos, e para isso lhe valeria o comparativismo histórico.

Na verdade, Rostow (1961) concebeu sua teoria e sua prática metodológica precisamente como uma alternativa à proposição marxista mais linear acerca dos rumos da história[20]. É, aliás, sintomático o título da obra em que procurou consolidar as suas reflexões econômicas: "Etapas do desenvolvimento econômico: um manifesto não comunista". Para ele, partindo-se de uma "sociedade tradicional" que a certa altura de seu desenvolvimento inicia o seu "arranque" (*take-off*) em direção a um estágio final de pleno desenvolvimento, haveria uma determinada sequência de cinco etapas que teriam de ser percorridas por to-

---

20. O esquema histórico do desenvolvimento econômico do capitalismo industrial por "etapas" foi apresentado publicamente por Walt Whitman Rostow no *Congresso Internacional de História Econômica* em Estocolmo em 1960.

das as sociedades que se mostrassem aptas a atingir o nível mais desenvolvido – a etapa da "era do consumo em massa" – onde seria possível atingir finalmente o bem-estar social (o *welfare state*). Embora Rostow admita que cada sociedade é impelida a fazer as suas próprias escolhas – inexistindo sob este prisma uma estrutura uniforme de desenvolvimento – por outro lado todas as sociedades estariam enquadradas ao seu modo nas cinco etapas definidas. No fim das contas, o modelo de desenvolvimento proposto por Rostow mostra-se tão teleológico como o modelo tradicional do marxismo: o primeiro conduziria à vitória final do capitalismo como um estado de bem-estar; o segundo apontaria para a conquista do socialismo. Um e outro – o marxismo stalinista que ambicionava submeter a História a uma fôrma forjada a golpes de martelo, e o capitalismo rostowniano que buscava acenar com promessas de bem-estar social para todos – o comparatismo histórico era aqui posto a serviço de um determinado modelo que já vinha construído de antemão.

Mais ou menos pela mesma época – ou mais precisamente entre os anos de 1950 e meados dos anos de 1960 – os economistas cepalinos também se ocuparam de buscar através do comparativismo uma comprovação para uma mesma sequência de fatos que se queria sustentar como desenvolvimento único necessário, no caso relacionado aos diversos países latino-americanos. Este e os dois exemplos anteriores explicitam um dos grandes riscos da História Comparada: o de lançar mão do comparativismo para tentar forçar de qualquer maneira a identificação de uma determinada sequência que já se tinha em vista antes de a pesquisa começar. Registraremos aqui este aspecto, ao qual retornaremos na síntese de riscos e armadilhas típicas da História Comparada.

De qualquer modo, a partir da segunda metade do século XX os estudos de História Comparada já se mostram mais presentes, e frequentemente (mas nem sempre) já desvinculados dos projetos políticos de dominação ou das concepções históricas etnocêntricas. A partir daí estes estudos de História Comparada – ainda que sejam sempre relativamente raros em confronto com os recortes historiográficos tradicionais, habitualmente monocentrados em um país ou uma região específica – já existirão em quantidade mais expressiva, de modo que desde então já se pode discuti-los como realizações associadas a um campo histórico específico. Discutiremos a seguir algumas das combinações ou associações mais usuais da História Comparada com outros campos intradisciplinares da História.

7
A História Comparada e suas conexões com outros campos históricos

Antes de avançarmos para a compreensão dos novos campos ligados à família da História Comparada que surgiram nos tempos recentes, e de prosseguirmos na elaboração de um panorama exemplificativo das realizações pertinentes à História Comparada, deveremos lembrar neste momento o que já foi dito: aqui teremos uma modalidade historiográfica que não admite cercas – que de um lado exige esforços interdisciplinares através de um constante diálogo com outros campos de saber, e que de outro lado abriga em suas fileiras de historiadores comparatistas as mais diversas formações, para além da formação histórica propriamente dita. Não será raro encontrarmos, entre as realizações concretas classificáveis no âmbito da História Comparada, desde sociólogos de formação até cientistas políticos, geógrafos, economistas, antropólogos, para além dos próprios historiadores, certamente. A todos nos referiremos como historiadores comparatistas, sem restrições, ainda que ressaltemos eventualmente o diálogo interdisciplinar que se está estabelecendo. Na verdade, não importa muito se os pesquisadores e pensadores chegaram a este campo histórico partindo da estação da História, da Sociologia, da Ciência Política, da Geografia, da Linguística, da Análise Literária. Uma vez aqui estabelecidos eles passam a formar uma comunidade comum de produtores de conhecimento que enfrentam os mesmos desafios e empregam procedimentos análogos.

Para além dos necessários diálogos interdisciplinares, a História Comparada estabelece necessariamente conexões intradisciplinares – isto é, com outros campos da própria História. Em obra anterior sobre as diversas modalidades da História no mundo contemporâneo (BARROS, 2004: 15-22), já havíamos desenvolvido a ideia de que qualquer estudo histórico não se dá no interior de campos específicos, mas sim na conexão entre certos campos. De igual maneira, não há possibilidade de definir uma obra exclusivamente no campo da História Comparada, mas sim, no âmbito de uma certa interconexão de campos históricos entre os quais a História Comparada e uma ou outra modalidade desempenham um papel preponderante, definidor de caminhos e instaurador de procedimentos. Por outro lado, em que pese o fato de que a História Comparada pode se articular com qualquer tipo de modalidade historiográfica, pode-se admitir que a análise concomitante de distintas realidades nacionais, ou de qualquer outro tipo de realidades histórico-sociais comparáveis, aparece mais amiúde em associação a certos campos históricos específicos para os quais a avaliação comparativa – longe de corresponder a uma mera escolha associada a questões de recorte historiográfico – pode contribuir efetivamente para clarear reciprocamente duas realidades sociais ou nacionais.

Poderemos citar de início, a título exemplificativo, alguns estudos comparativos relacionados à História Demográfica – uma modalidade da História para a qual frequentemente o comparatismo histórico mostra-se não apenas oportuno, como necessário. Por vezes, só é realmente possível problematizar certos dados e quadros populacionais, em termos do que representam efetivamente seus índices demográficos, se cotejamos distintas regiões ou países. Desta maneira, na Demografia Urbana, o que representa um determinado efetivo populacional identificado para certa cidade historicamente localizada se não o comparamos com as demais cidades de sua região e de sua época? Um número pouco significa se não for recolocado em um contexto sincrônico e diacrônico. O mesmo pode ser colocado para outros domínios contemplados pelos estudos de História Demográfica.

Para dar dois exemplos de estudos demográficos comparados no âmbito das pesquisas sobre a família, já se tornaram clássicas as obras de Peter Laslett (1972) ou de John Hajnal (1965), onde se busca estabelecer um quadro comparativo de diferentes tipos familiares com vistas a melhor elaborar um panorama complexo do desenvolvimento familiar europeu[21].

De maneira análoga, a História Econômica é também pródiga de exemplos onde se tem o comparativismo histórico por uma espécie de linha mestra. Há mesmo uma certa polêmica entre os historiadores econômicos comparatistas e aqueles que investem na possibilidade de explicar um dado processo econômico apenas no interior de uma realidade nacional. É precisamente contra esta última perspectiva que Sydney Pollard dirige a sua *Paceful Conquest* – um estudo global da industrialização europeia onde se pretende mostrar que um processo de industrialização nunca pode ser explicado em bases exclusivamente nacionais (POLLARD, 1981). De igual maneira, contrapor duas realidades econômicas sincrônicas pode se mostrar em alguns casos a única maneira de se problematizar a Economia em

---

21. (1) Laslett, 1972. (2) Hajnal, 1965: 101-138. Para um panorama geral de posições teóricas relativas à História da Família, cf. Smith, 1993: 325-353.

termos de alguma questão mais específica, tal como por exemplo ocorre com a questão das situações nacionais de desenvolvimento e subdesenvolvimento. De fato, a noção de economia nacional "desenvolvida" só adquire maior sentido ou alguma visibilidade quando a cotejamos com outras economias nacionais – e foi nesta direção que trabalharam historiadores como François Crouzet, Patrick O'Brien ou Maurice Lévy-Leboyer ao confrontarem, em estudos vários, os quadros econômicos de França e Inglaterra entre os séculos XVIII e XIX[22].

Nesta mesma direção, embora comparando um maior número de realidades nacionais, caminham os estudos de Alexander Gerschenkron sobre *O atraso econômico em perspectiva histórica*. Tem-se aqui um tipo de História Comparada bem de acordo com o padrão preconizado por Marc Bloch – ou seja, uma história comparada atravessada por um problema específico, no caso a questão do "atraso econômico" (GERSCHENKRON, 1968). De resto, é interessante refletir, a partir deste exemplo, sobre um segundo risco que pode rondar o comparatismo histórico – o de se eleger entre os casos conhecidos um modelo paradigmático para, a partir daí, forçar a leitura dos demais casos em relação a este modelo. Assim, durante muito tempo os historiadores econômicos tomaram o modelo inglês de industrialização como paradigma generalizável, em relação ao qual todos os demais processos de industrialização deveriam ser comparados. É com vistas ao rompimento em relação a este pressuposto que O'Brien construiu uma interpretação distinta, considerando o processo de industrialização da Inglaterra como caso único e colocando-o em contraste com o proces-

---

22. (1) Crouzet, 1985. (2) O'Brien e Keyder, 1978. (3) Lévy-Leboyer, 1968: 281-298. (4) Para outro recorte, pode-se citar ainda Cottereau, 1989: 41-42.

so de industrialização francês (O'BRIEN & KEYDER, 1978). Guardemos este cuidado, para posterior discussão. A admissão de determinado modelo historicamente conhecido como um paradigma a iluminar os demais casos – uma escolha que por vezes se dá de forma inconsciente e em vista do simples fato de que o processo tornado modelo ocorreu pioneiramente – pode transformar a comparação em mera medida de distância dos diversos casos examinados em relação a um padrão acriticamente admitido. Isso pode não ser bom. Frequentemente não o é.

A História Comparada também tem se conectado com a "História Social", aqui entendida em seu sentido restrito, particularmente no que se refere ao estudo de grupos sociais específicos, ou mesmo de sistemas sociais mais amplos[23]. Apenas para dar um exemplo, citaremos a sensível difusão da História Comparada, ou pelo menos do método comparativo, nos estudos sobre a escravidão na América – do que nos mostra uma excelente realização a obra coletiva coordenada por Eugene Genovese e Laura Foner sobre *A escravidão no Novo Mundo*, a partir de uma perspectiva de história comparada (GENOVESE & FONER, 1969)[24]. É ainda de autoria de Eugene Genovese um ensaio que se tornou um importante marco relacionado à reflexão teórica sobre o uso do comparativismo histórico para estudos da América Latina, e que se propõe a examinar precisamente o "Foco Comparativo no estudo da História da América Latina" (GENOVESE, 1971: 375-388).

---

23. Não nos referimos aqui à História Social tomada como área de concentração mais abrangente, que pode abranger a Economia, a Cultura e a Política sob o signo de que "toda História é Social", e sim à História Social que se define pelo estudo de objetos específicos como os grupos e classes sociais, as formas de sociabilidade, os movimentos sociais, os sistemas de dominação.
24. Cf. tb. outro ensaio que pontua questões teóricas fundamentais diante de um objeto historiográfico específico – no caso, o "Tratamento dos escravos nos diferentes países" (GENOVESE, 1971: 158-172).

Com relação às interconexões com a História Cultural, os exemplos são inúmeros e bastante evidentes, e desde já importa lembrar que as questões de alteridade e identidade – aspectos primordiais no âmbito dos estudos de História Cultural – já implicam, em alguma medida, o comparativismo. Uma identidade, de alguma maneira, constrói-se contra o pano de fundo de outras, e ao historiador da cultura cabe recuperar também este contraste. Naturalmente que a comparação entre instâncias culturais será sempre uma operação sofisticada, na qual o historiador precisa estar sempre atento aos riscos que rondam a leitura de uma cultura por outra, ou de um estrato cultural por outro – problemas estes que são muito familiares à antropologia desde os primeiros tempos de fundação deste campo disciplinar[25]. Por fim, na família de campos históricos que, de uma maneira ou de outra, sintonizam-se com a história cultural, devemos considerar a conexão da História Comparada com domínios temáticos como o da História Intelectual, entre outros[26].

Seria oportuno reforçar mais uma vez a ideia, já apresentada no livro *O campo da História* (BARROS, 2004), de que rigorosamente falando não é o historiador que se especializa em um certo campo histórico ou menos ainda em uma dada conexão de campos históricos. Cada objeto histórico, na sua especificidade, é que vai se constituindo na interconexão entre certos campos históricos. O objeto histórico constituído pelo historiador no processo de sua pesquisa e reflexão historiográfica é que chama para si certa conexão de campos históricos,

---

25. Sobre os "limites do comparatismo em história cultural", cf. o artigo de Michel Espagne que leva este mesmo nome (1994: 112-121).
26. Sobre as conexões entre a abordagem comparada e os estudos de História Cultural, cf. a coletânea de ensaios organizada por Michel Trebitsch e M.-C. Granjon, com o título *Pour une histoire comparée des intellectuels* (1998).

inscreve-se nesta ou naquela conexão singular, que pode ser só sua. Podemos exemplificar com as obras de Fernando Braudel, historiador que se preocupou notadamente com as dimensões econômicas e geo-históricas, mas também em certos momentos com a Política e a Cultura. Há uma obra que se torna oportuno citar aqui. Em *O Modelo Italiano*, Fernando Braudel desenvolve considerações diretamente inseridas no âmbito da cultura e da História das Representações (BRAUDEL, 2007). É muito interessante a opção que ele faz pelo comparativismo nesta obra, embora do ponto de vista espacial o seu recorte seja somente a Itália e a temporalidade examinada esteja situada entre 1450 e 1650 – um recorte de duzentos anos que, para o período inicial da Idade Moderna, não é assim tão extenso. Desta maneira, não está trabalhando sincronicamente com espacialidades diferenciadas colocadas em regime comparativo, e tampouco com a perspectiva diacrônica também apontada por Bloch, que pode trabalhar com a análise comparativa de uma mesma sociedade em registros históricos bem distanciados no tempo. Outrossim, o comparativismo aparece nessa obra de Braudel de diversas maneiras, explicitado com bastante consciência como uma abordagem bastante definida. O que ele almeja examinar é a Representação da Itália no recorte considerado; ou melhor, as representações da Itália.

O que Braudel pretende realizar nesse livro? Estabelecido um recorte de tempo entre 1450 e 1650, definido por ele como o período correspondente ao Renascimento, ele pretende efetuar leituras sobre a recepção da imagem e da representação da Itália em momentos diversificados, separados a intervalos de 50 anos (portanto, examina em uma perspectiva diacrônica a Itália em torno dos anos de 1450, 1500, 1550, 1600, 1650. E explica que o objetivo é conseguir, com este procedimento, uma visão de conjunto que leve em consideração a "espessura do tempo". A escolha destes momentos dentro do recorte mais amplo, segundo suas palavras introdutórias, corresponde à montagem daquilo a que ele se refere como "observatórios cômodos", onde o historiador poderá examinar as mudanças de padrão, a variação de contextos, a sucessão de perspectivas – comparar, enfim (BRAUDEL, 2007: 27). Trata-se de examinar, para além disto, produzindo-se também aqui uma perspectiva de comparação, os pontos de vista no interior do mesmo momento e do mesmo recorte – examinando as distintas recepções da ideia de Itália dentro e fora da Itália em um mesmo momento. Desta maneira, a abordagem comparada atravessa de maneira muito clara e consciente esta obra singular de Fernando Braudel. O seu estudo situa-se em uma conexão entre a História Cultural, a História Política e, postularemos aqui, a História Comparada.

Existem ainda outras conexões que são bastante recorrentes entre a História Comparada e certos domínios historiográficos. Voltando à questão daquelas modalidades historiográficas às quais podemos nos referir como "domínios temáticos", existem também aquelas que – seja por tradição, ou seja em vista de certas especificidades que os conformam – tendem a sintonizar-se bem adequadamente com a perspectiva comparatista. A "História Urbana", por exemplo, tem interagido com a perspectiva do comparativismo histórico desde os trabalhos pioneiros de Max Weber sobre *A cidade* – obra na qual o fenômeno urbano fora examinado em uma perspectiva diacrônica mais ampla que confrontava a Cidade Antiga, a Cidade Medieval e a Cidade Moderna – até obras mais recentes como a de Jean-Luc Pinol (1991) sobre a vida urbana na França, Alemanha, Inglaterra e Estados Unidos, examinando neste caso um recorte restrito ao século XIX.

Por outro lado, domínios como o da "História das Relações Internacionais", em vista das próprias especificidades que lhes dão sentido, implicam necessariamente algum tipo de comparativismo. Ainda que o historiador não estabeleça necessariamente um duplo ou múltiplo campo de observações, e que esteja examinando as relações internacionais a partir de um único país, a própria ideia de relações que se estabelecem entre países distintos coloca necessariamente em jogo uma dinâmica comparativista. Destarte, será talvez necessário reservar a rubrica "história comparada" à História das Relações Internacionais para os casos em que se estabelece efetivamente o duplo foco.

A reflexão sobre as conexões possíveis da História Comparada com outros campos intradisciplinares da História levam a pensar a questão da "escala", conforme veremos mais adiante. Se a História Comparada, em seu nascedouro, fora pensada em termos de escalas nacionais, ou civilizacionais em alguns casos, com o tempo a conexão com a História Regional revelou ser outra conquista. A aplicação do comparativismo às regiões e a outras unidades espacial-administrativas de menor extensão revela mais uma vez que as possibilidades da História Comparada não podiam se destinar a apontar apenas para possíveis comparações entre realidades nacionais distintas. Ao comparar duas ou mais "regiões" no interior de um mesmo circuito nacional, o historiador também pode estar se associando de algum modo à História Comparada.

Como um exemplo entre outros, pode ser indicado o estudo de Moch e Tilly intitulado *Joining the urban Word – Ocupation, family and migration in three French cities*" (1985), que aborda com a perspectiva do comparativismo a ocupação urbana em três cidades distintas da França (MOCH & TILLY, 1985). Nota-se neste tipo de estudo, naturalmente, a conexão mais habitual que pode surgir entre a História Regional e a História Comparada – sendo importante destacar que, em casos como este, ocorre a ultrapassagem da situação mais corriqueira de cotejamento de uma região específica com a realidade nacional que a abarca, para se investir então em uma comparação direta entre duas ou mais regiões no interior de um mesmo país. Na historiografia europeia, é na tradição anglo-saxônica que iremos encontrar um maior número de trabalhos que se desenvolve nesta direção (HAUPT, 1998: 207).

A variação na escala de comparação – o âmbito civilizacional, nacional, regional, local, intraurbano, e assim por diante – desemboca, por fim, na possibilidade de comparar grupos étnicos ou identitários, práticas culturais mais específicas, realidades literárias, havendo mesmo os trabalhos de historiografia comparada, como um campo a mais de interesses. Nestes casos, penetramos na interconexão entre a História Comparada e a História Cultural. Apontaremos como exemplo significativo de historiografia comparada a célebre obra de Hayden White intitulada *Meta-história* (WHITE, 1992), onde se tem como objetivo uma análise de quatro discursos historiográficos específicos (Michelet, Ranke, Tocqueville, Burckhardt) e quatro filosofias da história (Hegel, Marx, Nietszche, Croce). Seria possível também, para ainda evocar um exemplo de historiografia comparada, examinar comparativamente grandes modelos historiográficos, confrontando-os por exemplo com o da historiografia ocidental[27].

No quadro de conexões possíveis à História Comparada, há que se mencionar ainda aquelas modalidades historiográficas em que, apesar de uma origem que as parecia confinar nos

---

27. Sobre esta questão, cf. Rüsen, 2006.

quadros estreitos das realidades nacionais, mais tarde se mostraram também férteis campos de trabalho para a aplicação da perspectiva comparatista. Assim, abrindo-se a novas possibilidades que incluem a associação com a História Comparada, uma nova História Política parece se colocar em franco contraste com relação à velha História Política do século XIX – tradicional sustentáculo dos exacerbados nacionalismos contra os quais se havia insurgido precisamente a perspectiva comparatista de autores como Marc Bloch. Encontraremos também aqui diversificadas propostas – desde as que buscam generalizações às que buscam especificidades no estudo dos grandes processos políticos.

Theda Skocpol, por exemplo, retoma a linha de reflexão sobre as grandes revoluções da perspectiva de uma possível busca de generalizações (SKOCPOL, 1979). De um lado, compara entre si as grandes revoluções (Francesa, Russa, Chinesa); de outro, confronta estes grandes e bem-sucedidos processos revolucionários com as revoluções falhadas. Seu objetivo é chegar a um conjunto único de fatores que possa ser generalizável como quadro geral de condições necessárias e suficientes para a eclosão de revoluções. Com relação à metodologia comparatista utilizada, esta se ampara em um duplo jogo de comparações que terminam por se complementar na busca de diferenças e semelhanças: enquanto a comparação entre as revoluções que deram certo e as que falharam levam à identificação de semelhanças presentes no primeiro grupo, já a busca de diferenças neste mesmo grupo conduzem à singularização de cada uma das grandes revoluções.

A fórmula a que Theda Skocpol chega é a de que uma revolução social autêntica ocorreria em dois estágios, e dentro de cada estágio duas variáveis definiriam o que ocorreria em seguia[28]. Assim, por exemplo, se no primeiro estágio de uma revolução social as duas variáveis se verificassem, uma revolução *sempre* realizaria a sua primeira etapa de forma bem-sucedida.

Apenas para exemplificar com a primeira variável, seria um dos traços recorrentes em todas as revoluções sociais – mais especificamente naquelas que mereceriam efetivamente ser designadas por este conceito – uma incontornável *crise do estado* – frequentemente estimulada por fatores internacionais e intensificada pela incapacidade revelada pelas instituições estatais no enfrentamento da crise social através de medidas correntes[29].

Em segundo lugar, verificando-se a situação revolucionária a partir da crise do estado, os padrões de dominação de classe vigentes irão determinar que grupo se elevará sobre os demais para explorar a situação revolucionária. Na verdade, a revolução social ocorreria em função da situação revolucionária provocada pela crise no estado, e os padrões de dominação de classe meramente atuariam na determinação de quem irá conduzir o processo revolucionário. A partir daí, inicia-se o segundo estágio, para cuja compreensão seria necessário considerar duas novas variáveis, a começar pelos obstáculos e oportunidades moldados pela forma específica da crise social e política.

Por fim, os líderes revolucionários precisam enfrentar, no novo quadro estabelecido, as restrições socioeconômicas e internacionais que já haviam aparecido no primeiro estágio de revolução e atuado como fatores determinantes na eclosão da

---

28. Os dois estágios são examinados por Theda Skocpol nas partes I e II de seu livro, publicado pela primeira vez em 1979.
29. Em decorrência da crise estatal, conforme as proposições de Theda Skocpol, as elites (e as forças armadas) dividem-se irreparavelmente com relação ao que fazer, e a lealdade em relação ao regime se enfraquece para aquém de um nível mínimo. Deste modo, a crise do estado termina por criar uma situação revolucionária.

crise do estado. No novo momento, esses mesmos fatores retornam para afetar a maneira como o regime revolucionário vai conseguir se estabelecer e reconstruir o Estado. O resultado final da revolução, a partir daí, vai atingir a sua forma específica. O processo revolucionário francês dirigiu-se para o capitalismo liberal, a Revolução Russa confluiu para uma ditadura, e a Revolução Chinesa encaminhou-se através de uma mobilização de massas populares como suporte para o partido estatal.

A busca de padrões que poderiam estar por trás da emergência das revoluções sociais bem-sucedidas, conforme se vê, conformou-se na obra de Theda Skocpol a uma análise comparativa que leva em consideração tanto os autênticos movimentos revolucionários como os movimentos que, por contraste, não corresponderam às mesmas variáveis e terminaram por não produzir a combinação de transformações integradas em relação às instituições políticas e às estruturas sociais. Além disso, a abordagem comparativa coloca também em contraste os movimentos revolucionários abortados (aqueles que se interrompem na primeira fase) e aqueles que se tornaram bem-sucedidos no enfrentamento das duas variáveis que surgem na segunda fase. Em obras posteriores, Skocpol sofistica a sua análise em direção a novos objetos e problemas sintonizados com o mesmo tema das revoluções sociais (1985), e também reatualiza seus estudos sobre as revoluções sociais no mundo moderno (1994).

É também uma análise comparativa de processos políticos o que busca Barrington Moore em sua *Análise das ditaduras e democracias* (MOORE, 1966), contando-se em oito casos situados entre América, Europa e Ásia o seu universo comparativo. Por outro lado, são respostas a uma pergunta muito específica o que busca Reinhard Bendix em um estudo que busca compreender por que, entre outras civilizações surgidas historicamente, a civilização ocidental foi a única a gerar uma forma de legitimidade baseada no governo do povo (BENDIX, 1996). A comparação, então, dá-se em dois níveis. Por um lado confrontando à política ocidental outras realidades histórico-sociais; por outro lado, comparando dois sistemas alternativos: a monarquia hereditária e a soberania popular.

Ao mesmo tempo em que a História Política Comparada pode visar a generalizações ou à constituição de modelos unitários, o comparatismo também pode objetivar, ao contrário, a identificação das particularidades de cada processo. Rokkan[30] – um cientista político norueguês que enveredou pela História Política e sempre se mostrou interessado na discussão teórica da História Comparada – elabora o seu estudo sobre o desenvolvimento político da Europa precisamente no sentido da busca de diferenças que permitam estabelecer uma tipologia de modelos nacionais (ROKKAN, 1999). Para tal, emprega habilmente a comparação tanto no âmbito sincrônico como no âmbito diacrônico. De modo similar, são as complexidades e singularidades que busca em seu estudo sobre os partidos políticos europeus – mostrando como a dimensão da "classe social" não é mais do que um dos muitos aspectos que tem influído na formação dos partidos europeus, entre outros fatores que vão das divisões linguísticas, religiosas, regionais, setoriais e linguísticas. Estes diversos fatores, é o que sustenta Rokkan em um estudo também comparativo da história das formações partidárias, tendem a se sobrepor das maneiras mais diversas de modo a originar quadros político-partidários que só podem ser compreendidos de uma perspectiva histórica e levando-se em conta o processo de formação do Estado nacional de cada país (ROKKAN, 1970).

---

30. (1) Rokkan, 1995. (2) Rokkan, 1975.

Um último exemplo pertinente ao "político" permite registrar, com a obra de Marc Lazar sobre os partidos comunistas francês e italiano (LAZAR, 1992), a prática da História Comparada voltada para uma das mais recentes temáticas e âmbitos conceituais da História Política: as "Culturas Políticas". Exemplo importante de ser pontuado, já que não teremos mais duas realidades nacionais ou duas regiões a comparar, e sim duas realidades institucionais inseridas no interior de uma mesma "cultura política".

Os exemplos até aqui arrolados, enfim, são meramente ilustrativos, no sentido de fornecer um certo número de casos para posterior discussão e para expor uma diversificação possível[31].

A História Comparada – nascida do anseio de comparar nações ou civilizações com vistas a ultrapassar os limites estreitos da antiga História Política ancorada nos nacionalismos que haviam conduzido a humanidade aos conflitos mundiais – parece ter conquistado no decorrer de seu desenvolvimento uma gama bem maior de âmbitos passíveis de comparação: a região, os ambientes sociais, os processos econômicos ou políticos, as instituições; os repertórios do imaginário; ou mesmo, retomando um antigo gênero criado na Antiguidade por Plutarco, as vidas comparadas. Em seguida, aproveitaremos um último exemplo, que remete mais uma vez à História Política, para discutir um autor que procurou adicionalmente avançar na teorização sobre a História Comparada.

---

31. Outras conexões, naturalmente, poderiam ser citadas, como a que pode ser estabelecida entre a História Conceitual e a História Comparada, ou outras histórias relacionais como a História Cruzada. Para este caso, cf. Pernau, 2012: 1-11.

8
A tipologia de Charles Tilly para a História Comparada

Tal como alguns outros historiadores políticos empenhados em trabalhar com a perspectiva do comparatismo histórico, Charles Tilly – um especialista em sociologia histórica cuja obra adquire uma especial relevância teórica para a História Comparada[32] – também desenvolveu estudos sobre a formação dos Estados Nacionais[33]. Desta maneira, considerando a escala de observação utilizada pelo historiador, seu trabalho inscreve-se na revalorização das escalas nacionais como unidades de comparação. Mais importante ainda do que o estudo de História Política desenvolvido por Tilly, contudo, é a dimensão teórico-metodológica que se agrega ao mesmo. Charles Tilly foi responsável pela elaboração de uma tipologia de perspectivas comparatistas que ainda não se vira desde o artigo de Marc Bloch em 1928. "O esquema 1" sintetiza as quatro perspectivas comparatistas segundo as proposições de Charles Tilly – a universalização, a globalização, a individualização e a diferenciação.

---

32. Charles Tilly (1929-2008) – sociólogo, cientista político e historiador nascido em Illinois – foi professor na Universidade de Colúmbia. Seus estudos cobrem uma grande temática de assuntos, e recobrem também uma espacialidade que vai da Idade Média ao período contemporâneo, enfatizando o estudo das transformações políticas, econômicas, sociais e tecnológicas na Europa.

33. (1) Tilly, 1996. (2) Tilly, 1975.

As duas perspectivas situadas na parte inferior do esquema referem-se a um comparatismo que busca a "singularidade", diferindo, porém, no método.

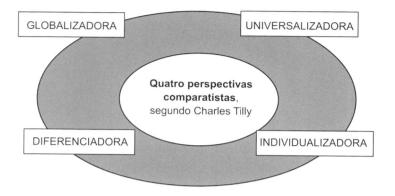

Esquema 1: *Perspectivas comparatistas segundo Charles Tilly*

A abordagem comparatista **Individualizadora**, partindo de uma meticulosa atenção a certas realidades histórico-sociais singularizadas, investe no cuidado de identificar as propriedades comuns a todos os casos examinados (semelhanças) de modo a identificar muito claramente a singularidade de cada caso. Exemplos de utilização desta abordagem podem ser encontrados na obra de Max Weber, particularmente nos seus estudos sobre as diversas formas de dominação, atentos à variedade de situações que podem ser agrupadas no interior de cada forma de dominação examinada (1999). Pensemos, ainda, nos estudos mais específicos do sociólogo alemão sobre os fenômenos urbanos através da História (WEBER, 1966 e 1999). Sua preocupação inicial nesta linha de estudos foi a de reunir as características que todas as cidades teriam em comum – um lugar de mercado, uma condensação populacional partilhada em uma multiplicidade de funções, e assim por diante – depois, o trabalho foi o de identificar as especificidades de cada tipo histórico de cidade: a Cidade Antiga, a Cidade Medieval, a Cidade Moderna. Entrecruza-se, neste caso, a abordagem comparatista individualizadora com a metodologia de construção dos tipos ideais. Já comentamos outro estudo que aqui poderia se enquadrar nesta abordagem: a análise do processo de industrialização da Inglaterra como caso único, e não como caso modelar ao qual todos os outros processos nacionais de industrialização deveriam se referenciar, havendo ainda um trabalho de explicitação do contraste em relação ao processo de industrialização francês.

Enquanto isto, a abordagem comparatista **Diferenciadora**, similar à perspectiva anterior nos seus objetivos particularizantes, caminha através de uma metodologia distinta. Trata-se de submeter os diversos casos que estão sendo examinados a um certo conjunto de variáveis – alguns traços ou questionamentos que são escolhidos para efetuar as comparações – de modo a tirar conclusões sobre os diferenciais de cada caso examinado. Essa abordagem, entre outros exemplos possíveis, foi proposta por Samuel Baily em seu artigo sobre História Comparada da Migração (1990), e aplicada mais especificamente ao seu estudo comparativo sobre os migrantes italianos em Buenos Aires e Nova York (BAILY, 1999). A ideia, aqui, é que um mesmo tipo de migrantes – os italianos – ao se verem deslocados para diferentes sociedades de destino – a Argentina e Estados Unidos – terminam por iluminar características específicas destas sociedades[34]. Para a análise de cada caso é

---

34. De maneira inversa, várias etnias que se deslocam a uma mesma sociedade receptora se iluminam em suas especificidades.

estabelecido um mesmo conjunto de variáveis – um mesmo conjunto de indagações – e a partir daí verifica-se os pontos diferenciadores entre os dois grupos.

Na parte de cima do esquema, vemos representadas as abordagens que objetivam uma generalização a partir dos casos examinados. A abordagem comparativa **Universalizadora** tem a intenção de encontrar elementos comuns aos casos examinados, postulando uma unicidade dos processos históricos. Nos exemplos anteriores, examinamos autores que trabalham com esta perspectiva, como Walt Whitman Rostow (1916-2003) em sua teoria sobre as cinco etapas do desenvolvimento econômico (ROSTOW, 1960), ou como os estudos de Theda Skocpol sobre as grandes revoluções (1979). Neste último caso, vimos que se tratava de buscar semelhanças presentes entre as grandes revoluções bem-sucedidas da Modernidade – a francesa, a chinesa e a russa – de modo a identificar as condições necessárias e suficientes que presidiriam o surgimento dos processos revolucionários. Skocpol contrapõe a sua abordagem, conforme vimos, às interpretações encaminhadas pelos autores que falharam em perceber as forças estruturais que criam a situação revolucionária, além de criticar as análises que não delimitam corretamente o fenômeno revolucionário na sua especificidade, e por isso acabam incluindo em uma mesma designação conceitual processos políticos que rigorosamente não poderiam ser qualificados como "revoluções sociais" – um conceito que, para a autora, só poderia se aplicar aos movimentos que simultaneamente produzem transformações nas instituições estatais (uma revolução política) e transformações na estrutura social. As revoluções "francesa", "russa", e "chinesa", neste sentido, poderiam ser adequadamente aproximadas através desse conceito, e contrapostas a movimentos diversos que não poderiam ser propriamente chamados de revoluções[35].

Adicionalmente, conforme vimos nos comentários anteriores sobre a obra de Theda Skocpol, a identificação dos traços comuns entre as três revoluções bem-sucedidas era favorecida pela comparação com as revoluções falhadas, e não apenas pela comparação com os movimentos que não constituíram rigorosamente revoluções sociais. Deste modo, procede-se a uma operação comparatista através de um duplo contraste: por um lado, em relação aos demais movimentos que, ainda que bem-sucedidos, não trazem transformações efetivas na estrutura social; por outro lado, em relação aos movimentos sociais que seriam efetivamente revolucionários, mas que, ao terem falhado, permitem que se entrevejam, com a comparação, as condições que historicamente sinalizaram para as revoluções que conseguiram concretizar seus projetos sociais e políticos.

A abordagem comparativa **Globalizadora**, por fim, visa examinar diversos casos de modo a incluí-los em um sistema geral que os abranja e lhes dê sentido. Nesta abordagem enquadra-se, na sua forma mais irredutível, a perspectiva proposta pelo Materialismo Histórico em sua análise e identificação dos modos de produção, e também toda uma diversidade de autores que buscaram apreender em uma perspectiva mais ampla o mundo moderno. Para mencionar um autor específico, pode-se citar a análise de Emmanuel Wallerstein sobre o período moderno (1974, 1980, 1989).

---

35. Assim, por exemplo, a "Revolução Americana" teria sido apenas uma revolução política, mas não uma revolução social, uma vez que não produziu significativas transformações na estrutura social. A Revolução Chinesa, em contrapartida, não apenas apoiou-se em transformações radicas nas instituições estatais, como também a ordem social inteira transformou-se com ela.

9
História Comparada entre espaço-
-tempos distanciados

De modo geral, com relação aos estudos que confrontam historicamente sociedades distintas, desde meados do século XX tem predominado nos estudos de História Comparada o modelo sugerido por Marc Bloch em seu artigo de 1928, no qual se sugere como caminho preferível a análise de sociedades contíguas no espaço e no tempo, tanto por serem unidades mais "comparáveis" no sentido de possuírem pontos em comum, como no sentido de que estas sociedades contíguas estão geralmente em processo de interação. Contudo, a História Comparada contempla a possibilidade de comparação entre sociedades distanciadas no espaço e no tempo.

Robert Darnton, em uma entrevista concedida em 1996, discute uma pesquisa que estava realizando com base na confrontação do fenômeno da censura em três sociedades bem distintas: a França do Antigo Regime, a Índia britânica do século XIX, e a Alemanha Oriental do século XX. A sua pretensão não é encontrar similitudes muito diretas entre as três situações, pois, como assinala Darnton, cada cultura tem o seu próprio dialeto e especificidades. Sua intenção é examinar duas questões específicas, verificando como elas se apresentam em cada uma destas realidades; como os censores realizaram o seu trabalho em cada uma destas sociedades, e como eles entenderam o que estavam fazendo. As conclusões apontam no sentido do delineamento de diferenças: na França do século XVIII, os censores tinham uma visão de seu ofício em que acreditavam estar administrando o selo de aprovação régia. Na Índia britânica do século XIX, os censores acreditavam que estavam ajudando a estabelecer uma variação liberal do imperialismo. Na Alemanha Oriental do século XX, acreditavam que estavam envolvidos em um processo de Engenharia Social. O mesmo fenômeno – a censura – atravessa três realidades histórico-sociais com resultados bem diferentes, produzindo inclusive formas de consciência diferenciadas dos atores sociais que os vivenciaram (PALLARES-BURKE, 2000).

O exemplo é esclarecedor. Na mesma entrevista, Darnton dá-nos um outro exemplo de História Comparada ao digredir sobre como a percepção de um determinado acontecimento ou processo histórico pode contribuir para transformar a análise de outro. O exemplo dado são os acontecimentos que conduziram à derrubada do Muro de Berlim, em 1989. A sua vivência destes acontecimentos teriam contribuído para transformar radicalmente a sua visão da queda do Antigo Regime.

Conforme observa Darnton, após os acontecimentos de 1989 o Império Soviético, antes produtor de uma imagem de forte estabilidade, parecia impressionar retroativamente por sua clara instabilidade. Por outro lado, estes acontecimentos também contribuíram para modificar a sua visão de outro processo, bem mais afastado no tempo. Ao vivenciar os acontecimentos de 1989 como homem de seu tempo, Darnton assevera ter se impressionado com três aspectos: a força do imprevisto, a capacidade da má-gerência humana precipitar os acontecimentos, e o peso extremamente relevante da opinião pública. A percepção destes fatores em um processo contemporâneo teria levado o historiador americano a reavaliar sua análise dos acontecimentos pré-revolucionários de 1787 e 1788, uma vez que passou a enxergar ali fatores semelhantes. Um acontecimento, enfim, contribui para iluminar o outro. Quer concordemos ou não com a análise específica realizada por Darnton sobre a mútua comparação entre a Queda do Muro de Berlim e a Queda do Antigo Regime, temos aqui o típico *insight* de história comparada. Menos sistemático como queria Bloch, e carregado de uma forte dose de intuição – mas, enfim, um mergulho instantâneo na História Comparada entre dois acontecimentos distantes no espaço e no tempo.

10
História Global, "histórias transnacionais" e outras histórias

As últimas décadas do século XX, e a passagem para o novo milênio, têm coroado com novas motivações este já secular desenvolvimento da História Comparada, o qual pudemos examinar panoramicamente nas páginas anteriores. Contextos como o das crescentes experiências de associações econômicas, culturais e políticas entre países diversos, na América Latina, na África, ou na Europa, têm oferecido um ambiente bastante favorável para o desenvolvimento de abordagens transnacionais da história. A formação da União Europeia, que se consolida em 1993 com o tratado de Maastricht, e a fundação da União Africana em 2002, constituem apenas dois dos principais exemplos de associações transnacionais que, obviamente, também sugerem a necessidade de modalidades historiográficas mais globalizadoras, superando os antigos limites nacionais na direção com que sonhava Marc Bloch no primeiro pós-guerra. Afinal, se o mundo começa a ser repensado também nos termos de grupos maiores de países, constituintes de conjuntos formadores de novas identidades, é preciso que os historiadores também ofereçam alternativas historiográficas voltadas para estas novas identidades transnacionais.

As demandas por uma historiografia que sintonize com as necessidades planetárias, e a necessidade de repensar os limites do nacionalismo mais uma vez – tal como fizera Marc Bloch no período das guerras mundiais – levou alguns historiadores a questionar a eficiência da própria História Comparada no seu já antigo projeto de superar os limites da perspectiva nacionalista. Afinal, haviam se passado décadas, e muitos não viam resultados mais impactantes – e capazes efetivamente de redefinir as sensibilidades historiográficas correntes – na produção concreta dos historiadores comparatistas. Teria a História Comparada falhado no seu projeto inicial, e apenas redesenhado de uma nova maneira a história baseada nas cores nacionalistas? Se a resposta for positiva, como retomar mais seriamente esse projeto perdido? Autores como Serge Gruzinski quase parecem acusar o campo da História Comparada de ter dado uma volta sobre si mesma, e de ter se reconduzido aos parâmetros da historiografia tradicional:

> A seleção dos objetos que têm de ser comparados, dos quadros e dos critérios, as perguntas, os mesmos modelos de interpretação, continuam sendo tributários de filosofias ou de teorias da história que muitas vezes já contêm as respostas às questões do pesquisador. No pior dos casos, a História Comparada pode aparecer como um ressurgimento insidioso do etnocentrismo (GRUZINSKI, 2001: 175-176).

Em nossa opinião, a História Comparada foi um projeto que deu certo. Tem dado certo. Precisa, naturalmente, dos seus permanentes reajustes. "Comparar" não é uma operação simples. Não liberta automaticamente os historiadores das categorias e formas estereotipadas de pensamento que os amarram, das pressões que sobre eles se exercem. De fato, é possível elaborar uma História Comparada muito próxima à historiografia contra a qual ela mesma se insurgiu nos seus primórdios.

Outrossim, é possível desenvolver uma História Comparada crítica, moderna, atualizada, sintonizada com novas metodologias e perspectivas conceituais. Novos caminhos, desse modo, têm surgido na família das histórias comparadas. Os olhares e recursos comparatistas se aprimoram. Novas atitudes e possibilidades entram em cena.

O historiador alemão Jürgen Kocka (n. 1941)[36], um dos teóricos contemporâneos que mais têm refletido sobre os benefícios da História Comparada para esta nova etapa da história mundial, chama atenção, por exemplo, para a conexão da abordagem comparativa com correntes diversas de um novo campo que já vai sendo denominado História Global ou História Mundial:

> Há, afortunadamente, muito interesse nos dias de hoje com relação às abordagens transnacionais para a História. As diferentes correntes de História Global ou História Mundial são um exemplo disso. Abordagens comparativas, comparações internacionais e interculturais, são apenas uma forma de perceber o crescente compromisso transnacional. Há outras formas, por exemplo, de estudos e interpretações usando teorias pós-coloniais (KOCKA, 2003: 42).

A História Global, rigorosamente falando, não é motivada apenas pela necessidade de repensar o mundo a partir destas

---

36. Jürgen Kocka – historiador alemão, professor e pesquisador no Centro de Pesquisas em Ciências Sociais de Berlim – é um dos líderes na Nova História Social Alemã (*Bielefeld School*). Além da perspectiva da História Comparada e da ênfase na História Social, seu acorde historiográfico traz a influência metodológica de Ernst Labrousse, historiador serial ligado aos *Annales* das duas primeiras gerações. Os estudos sobre as classes trabalhadoras e sobre a industrialização são dois de seus principais interesses de estudo.

unidades identitárias maiores que se tornaram realidades bem presentes nos novos cenários políticos e econômicos do planeta. Os novos desenvolvimentos globais, tal como assinalam Kocka e outros autores, favorecem de fato o afloramento de alternativas historiográficas que têm buscado romper com o padrão unilinear de observação baseado exclusivamente no ponto de vista eurocêntrico, ou, por extensão, amparados no ponto de vista do Ocidente (Europa e Américas, mas mais especificamente a Europa e a América do Norte). Ao contrário da tradicional historiografia eurocêntrica – esta que começa por construir uma história a partir da Europa, daí irradiando para o resto do mundo, ou então ajustando dentro desta história eurocêntrica a história das sociedades não europeias ou não ocidentais – a História Global procura precisamente recuperar os demais pontos de vista, não eurocêntricos, não ocidentais, não colonialistas.

A perspectiva da História Global é apreender os múltiplos pontos de vista, e depois interconectá-los (mas sem submetê-los a uma lógica única, tal como ocorre com uma das perspectivas da história tradicional). Em uma palavra, trata-se de construir uma História sem um centro único. A História Global, neste caso, não é nem pensada como um agregado desconectado de histórias nacionais, e nem é tratada como uma História Universal que tenta submeter todas as histórias a uma caminhada única da civilização, à maneira das antigas histórias universais que têm seus primórdios na *Filosofia da História*, de Hegel, e que, embora se modificando com a historiografia ocidental científica, veio a se desdobrar nas histórias universais que, mesmo nos nossos dias, continuam unilineares.

Pensar o mundo a partir destes novos padrões de interconexão conduz quase naturalmente ao reconhecimento da importância da abordagem comparativa. É importante também ressaltar que o olhar comparado deve ser estendido não apenas para os processos históricos, mas também para as práticas historiográficas. Em seu livro *O que é a História Global*, Pamela Groslley procura mostrar a existência de diversas estratégias narrativas utilizadas por historiadores de diversas culturas, e procura agregar este reconhecimento de que não existe um único padrão de fazer historiografia ao seu esforço que definir e de trabalhar com esta nova modalidade que seria a da História Global – uma história que já não tem um centro, como propunha a antiga perspectiva da historiografia eurocêntrica. A perspectiva dos novos historiadores que têm contribuído para a constituição do novo campo da História Global implica a necessidade de atentar não apenas para a História Comparada, mas também para o que poderíamos entender como uma historiografia comparada.

Para uma melhor compreensão das novas modalidades que têm surgido com vistas à transposição dos tradicionais limites nacionais ou regionais – e que, por assim dizer, alcançam o mundo de uma nova maneira – será oportuno discutir os campos históricos que começam a ficar conhecidos como "histórias interconectadas", "histórias cruzadas" e "histórias transnacionais". Estas definições ainda estão emergindo no seio do já vasto universo das designações de modalidades históricas, de modo que, por vezes, ainda apresentam certa ambiguidade quando confrontadas com a História Comparada, um campo bem mais definido e que lida com recortes mais precisos, embora múltiplos. Com a História Interconectada, pode-se dizer que o historiador escolhe deixar-se ser conduzido criativamente pelo seu tema, o qual – além de eventualmente ser capaz de levar à transcendência das tradicionais fronteiras nacionais ou regionais – pode deslocar-se através de diferentes grupos sociais, identidades étnicas, definições de gênero, minorias, classes ou categorias profissionais. Certos temas prestam-se mais particularmente a este livre fluir historiográfico – a este surfar do historiador através das ondas de um grande mar no qual parecem ter se dissolvido todos os recortes tradicionais.

As trocas culturais, no mundo midiatizado e globalizado, oferecem, por exemplo, um vasto leque de possibilidades de estudo às "histórias transnacionais". Sobre esta modalidade, a historiadora Micol Seigel[37] assinala que a História Transnacional "examina unidades que transbordam e vazam [infiltram-se] através de fronteiras nacionais, unidades que podem ser tanto maiores como menores do que o Estado-nação" (2005: 62-90)[38]. Tampouco a História Transnacional deve ser confundida com a História Global, embora nada impeça a conexão entre as duas modalidades. Seigel tende a enxergar a História Global nos termos de um recorte (um espaço de observação) e a História Transnacional nos termos de uma abordagem, de uma

---

37. Micol Seigel é professora e pesquisadora do Departamento de Estudos Americanos na Universidade de Bloomington. Seu artigo sobre a virada transnacional – "Beyond Compare: Historical Method after the Transnational Turn" – foi publicado em 2005, na *Radical History Review*.

38. Ao indagar-se sobre a origem da História Transnacional, a autora contesta a ideia de que o contexto da globalização é o principal fator que impôs a demanda por uma história transnacional, preferindo sustentar a ideia de que a mesma decorre dos estudos anticolonialistas, já no pós-guerra, e da literatura pós-colonialista que se consolida nas três últimas décadas do século XX (SEIGEL, 2005: 63). Ao lado deste raciocínio, Micol Seigel sustenta ainda que o termo "história transnacional" deve ser contraposto à ideia de "História Internacional", uma linha que teria orientado a história diplomática e a história militar, entre outras. Com relação à História Comparada, Seigel assinala que a História Comparada tende a ser uma história internacional, e não transnacional (SEIGEL, 2005: 65).

atitude historiográfica. Os historiadores globais, diz-nos ela, uma vez definido o seu campo de interesses, têm diante de si a possibilidade de uma escolha entre a perspectiva transnacional e a perspectiva já tradicional da História Internacional:

> A História Transnacional não se propõe simplesmente a recobrir um maior espaço; ela não é equivalente a História Mundial – uma vez que os historiadores mundiais [historiadores globais], tal como todo mundo mais, precisam ainda escolher entre as abordagens transnacional ou internacional (SEIGEL, 2005: 63).

Ao mesmo tempo, os objetos da História Transnacional não se estendem necessariamente para o espaço ampliado que se torna típico da História Global. Assim, ainda que os historiadores globais – assim definidos pelos seus objetos de estudo e territórios de observação historiográfica – possam optar pela abordagem da História Transnacional em desfavor da abordagem da História Internacional, há historiadores transnacionais cujo estudo pode perfeitamente se conformar em um território historiográfico situado entre limites nacionais, desde que o problema por eles examinados o levem a avaliar a interação entre o local e o global (os reflexos do global no local, por exemplo, ou mesmo o contrário):

> De fato, alguns adeptos do método transnacional tratam de fenômenos que recaem no interior de um único conjunto inserido no interior de fronteiras nacionais, revelando os traços do global no local (SEIGEL, 2005: 63).

A História Transnacional, deste modo, não se liga a uma aversão ao nacional. O seu desafio é enfrentar não o "nacional", mas a noção arraigada de que o "nacional" (ou um mundo dividido em nações como unidade de análise) deve ser a categoria predominante. Para a perspectiva transnacional de Micol Seigel, a nação se apresenta como um fenômeno social que se situa ao lado de uma série de outros, "mais do que o quadro de estudos por si mesmo" (SEIGEL, 2005: 63). Ou seja, a nação pode ser perfeitamente estudada em uma perspectiva transnacional – e estudos transnacionais podem perfeitamente se apresentar no interior de fronteiras nacionais –, o que não pode ocorrer, para se ter uma perspectiva transnacional, é que a categoria da "nação" se apresente como a categoria central que conduz o pensamento historiográfico. A nação é algo a ser estudado; não é o quadro que emoldura o estudo como uma categoria a-histórica e incontornável.

Deborah Cohen[39], por sua vez, acrescenta um elemento importante em sua busca de apreensão deste novo campo de possibilidades que seria o da História Transnacional, situando-o particularmente em confronto com o próprio campo da História Comparada. Segundo ela, enquanto a história comparada "ocupa-se fundamentalmente das diferenças e semelhanças" e frequentemente de "questões de causalidade", já as histórias transnacionais, em franco contraste com relação a esses aspectos, "podem nos falar sobre circulação transnacional, história das trocas culturais, fenômenos internacionais" (COHEN, 2001: 24).

Não se trata mais, com as histórias transnacionais, e também com as histórias interconectadas e as histórias cruzadas, de meramente delimitar um certo número de recortes bem de-

---

39. Deborah Cohen é professora e pesquisadora do Departamento de História da Northwestern University. Entre outros interesses historiográficos, tem escrito artigos relacionados à delimitação de alguns dos novos campos históricos que lidam com os procedimentos relacionais (COHEN, 2001: 57-70; 2004: 9-23).

finidos, o que tem sido a operação central e a base de apoio das correntes da História Comparada que já vão se consolidando na sua forma mais tradicional. Pode-se mesmo dizer que há temáticas contemporâneas que já não se prestam a tais recortes. As redes sociais, por exemplo, os transcendem; as nacionalidades continuam a existir aqui como fenômenos de identidade, marcadores dos usuários, elementos instituidores de exclusão ou inclusão, mas o ambiente virtual já não conhece fronteiras, a não ser, eventualmente, a língua. O não lugar instituído pela rede mundial de computadores através das redes sociais é apenas um exemplo. O mundo contemporâneo conhece também a formação de identidades diversas, que já não se definem nacionalmente. De igual maneira, a recepção de determinado produto – concreto ou virtual – atende a padrões de circulação que se perderiam se o historiador decidisse limitar o seu estudo a determinadas populações nacionalmente localizadas, regionalmente definidas em termos de uma visibilidade tradicional do espaço. O Cinema estende sua complexa malha para além dos seus sistemas localizados de produção. A Música possibilita formas de deslocamento diversas.

Determinados circuitos constituídos necessariamente pela própria circularidade transnacional, inclusive para períodos mais recuados, rejeitam francamente a possibilidade de observância dos habituais recortes nacionais. É o caso da História Atlântica – esse domínio temático que implica um universo circular e intercontinental por definição[40] – ou também dos estudos das "borderlands" [fronteiras], que inserem necessariamente o

---

40. Para uma discussão sobre o conceito de História Atlântica, cf. Baylin, 2005; Games, 2006: 741-775. Para um conjunto de temáticas variadas sobre *O Atlântico na História Global*, cf. o livro organizado por Seeman e Canizares-Esguerra (2007).

historiador em um complexo território de ambiguidades[41]. A história da diáspora negra, da mesma forma, implica a transnacionalidade[42].

Ao lado da história transnacional, vale lembrar ainda que tanto este campo histórico como o das histórias cruzadas ou o das histórias entrelaçadas – dois outros domínios que já examinaremos – pressupõem possibilidades de mudanças no próprio estilo historiográfico (isto é, na maneira de escrever ou de expor os resultados da pesquisa). Possivelmente, essas e outras novas modalidades historiográficas têm muito a aprender com o romance moderno, com o Cinema e com outras práticas no que se refere aos novos modos de conduzir narrativas e as análises entrelaçadas. Elas também clamam por um novo padrão de leitura. As cartas estão colocadas, e o caleidoscópio historiográfico dá sinais de querer se movimentar mais uma vez.

Se essas novas modalidades constituem um campo novo e diferenciado em relação à História Comparada – ou mesmo um espaço teórico-metodológico divergente em relação aos aportes comparatistas – esta é ainda uma discussão em curso. Micol Seigel, em seu artigo "Além da Comparação", empenha-se em desenvolver a ideia de que a História Transnacional estaria em um campo divergente em relação à História Comparada. Re-

---

41. Sobre as histórias de fronteiras (borderlands), estas têm se multiplicado nos Estados Unidos nas últimas décadas, em muitos casos tematizando o modelo de expansão e formação territorial nos Estados Unidos. A título de exemplo, cf. Weber, 2000: 5-11; Johnson, 2002: 259-271; Citino, 2001: 677-693.

42. Robin Kelley identifica uma visão global sobre a diáspora já a partir dos estudos afro-americanos de fins do século XIX; neste sentido, a história da diáspora negra pode ser indicada como um dos primeiros domínios temáticos que teriam favorecido a perspectiva transnacional na História. Também Canizares-Esguerra (2007: 794) indica os historiadores da escravidão africana como os primeiros a constituírem uma historiografia do Atlântico.

fere-se, inclusive, a uma "virada transnacional" definidora de novos caminhos:

> Esse ensaio atribui a virada transnacional às pesquisas anti e pós-colonialistas, e argumenta que este corpo de pensamentos contém uma crítica implícita ao método comparativo (SEIGEL, 2005: 62)[43].

Por outro lado, se ampliarmos o sentido de comparação – ou se ao menos lidarmos com um sentido mais estrito para o comparativismo mais tradicional, que fixa de maneira mais rígidas os recortes a serem dispostos em comparação, e com um sentido mais amplo, que considera a comparação como signo de uma família maior de "procedimentos relacionais" (uma expressão de Zimmermann e Werner) – poderemos pensar em uma família mais extensa de modalidades históricas que rompe com os recortes monocentrados da historiografia. A História Comparada, no sentido mais amplo de "História Relacional", representaria neste caso uma família de modalidades historiográficas que visam libertar o historiador dos limites impostos pela obsessão da continuidade espacial e pelas ilusões de isolamento geopolítico, entre outras inúmeras travas que comprimem o habitual olhar historiográfico.

De nossa parte, acreditamos que é mais rico agrupar as modalidades relacionais do que investir na fragmentação desta interessante família de campos historiográficos. Os "procedimentos relacionais" – comparatismo, interconexão, entrelaçamento, cruzamento, apreensão de dinâmicas transnacionais – podem perfeitamente encontrar abrigo nas linhas de pesquisa

---

43. Esta posição se aproxima à de Tyrrell, que assinala um certo fracasso da História Comparada em efetivamente ter "transcendido os limites da historiografia nacionalista" (TYRRELL, 1999: 1.033).

de laboratórios e associações de historiadores preocupados em não se deixar imobilizar pela rigidez dos recortes historiográficos tradicionais. Esses procedimentos relacionais, além do mais, podem se combinar, e não são necessariamente excludentes uns em relação aos outros. Na sequência deste ensaio, trabalharemos com essa perspectiva, e examinaremos algumas das novas propostas que vieram se juntar aos primeiros esforços comparatistas no sentido de renovar a historiografia com relação às possibilidades de definir os limites e extravasamentos possíveis de seus objetos de estudo.

11
Histórias Interconectadas

É necessário reconhecer que, neste momento em que parece estar ocorrendo um novo reajuste de possibilidades no universo historiográfico, é bem difícil prever quais das novas designações que têm surgido no cenário historiográfico – história global, história transnacional, histórias interconectadas, histórias cruzadas, entre outras – serão assimiladas efetivamente pelo vocabulário historiográfico com o qual passarão a lidar as futuras gerações de historiadores. As expressões podem desaparecer ou recuar do cenário principal tão rapidamente como surgiram. Algumas se consolidarão. Outras passarão para a história da historiografia. Quais, entre as designações de novas modalidades historiográficas, permanecerão no futuro vocabulário dos historiógrafos?

É tarefa igualmente difícil correlacionar com maior precisão as novas experiências – as quais efetivamente têm surgido na prática recente dos historiadores – com as novas designações de modalidades historiográficas que melhor poderiam se ajustar a elas ou abarcá-las de alguma maneira. Ainda mais difícil é repensar a história de uma modalidade historiográfica com vistas a recuperar os seus antecedentes, remontando a períodos nos quais a sua designação sequer tinha surgido. As histórias interconectadas, por exemplo, parecem remeter, na "audácia do olhar", a historiadores precursores que – ainda que sem pensar exatamente nestes termos – ousaram construir obras historiográficas que unem em uma única trama narrativa e conceitual experiências aparentemente distintas, mas que encontram o seu espaço e ritmo de análise comum através de interconexões estabelecidas pelo autor.

Podemos lembrar – embora se trate de uma obra que se atenha inteiramente aos limites de um quadro nacional – a criativa análise construída pelo historiador inglês Christopher Hill em *O mundo de ponta-cabeça* (1972), um livro que religa experiências diversas através da ideia de uma religiosidade revolucionária e radical que teria se apresentado aos ingleses do século XVII como uma revolução paralela à revolução burguesa. No livro de Christopher Hill, o caráter autenticamente revolucionário da religiosidade radical e das novas demandas sociopolíticas dos diggers, ranters, levellers, quacres, e de outros grupos, constitui a base da interconexão proposta. O historiador inglês – sobretudo nos capítulos em que sua análise se aproxima de grupos efetivamente radicais como os ranters – começa a desencavar aqui experiências que ficaram de fora da historiografia mais visível, esquecidas ou apagadas da historiografia dominante pelo poderoso efeito de unidade que é trazido, na Inglaterra do mesmo período, pelas revoluções burguesas.

Ao olhar historiográfico mais tradicional, é difícil reconhecer a possibilidade de que duas revoluções paralelas possam estar ocorrendo no processo de transformação de um modelo social que precisa ser superado. Habitualmente, o olhar historiográfico mais linear é levado a enxergar um período social ou cultural conturbado com cores mais dicotômicas, como se houvesse o processo a ser superado e o movimento revolucionário que ajudará a transcendê-lo. Christopher Hill, contudo, ousa reler de uma nova maneira o século XVII dos ingleses – um grande período que passou a ser assinalado, na historiografia dos vencedores, pelos marcos das chamadas revoluções puritana e gloriosa e pelos efeitos de primeiro plano trazidos pelos conflitos entre realeza e parlamento, os quais também envolveram as oposições mais visíveis entre modelos religiosos mais tradicionais, como o dos católicos, anglicanos, presbiterianos e puritanos. Hill ousou examinar o caldo de religiosidade radical e sociabilidade revolucionária que projeta suas vozes em uma documentação ainda pouco contemplada pela historiografia tradicional, e com isso criou uma nova possibilidade de interligar as experiências que estavam ocorrendo à sombra dos conflitos que foram colocados em primeiro plano pelas leituras historiográficas mais habituais.

O exemplo da citada obra de Christopher Hill certamente não pode ser inserido mais diretamente nas modalidades que estamos discutindo neste momento, mas de alguma maneira o seu olhar audaciosamente incomum, rompendo a linearidade e o viés da historiografia já consolidada sobre as revoluções burguesas na Inglaterra, pode ser apontado como indicativo das novas demandas por experiências historiográficas mais ousadas, seja na forma de exposição, seja na perspectiva de observação dos processos históricos.

Fernando Braudel, com seu magistral *Mediterrâneo* (1949) também vislumbrou as possibilidades das conexões, e ao examinar o Mar Mediterrâneo e as terras que o abraçavam procurou dar a perceber como duas civilizações aparentemente tão antitéticas – o mundo Cristão e o Islã – partilhavam esse imenso espaço e, ao recobrirem essas terras pertencentes às bordas interligadas dos três continentes do Velho Mundo, na verdade também se recobriam uma à outra[44]. Deste modo,

---

44. Cf. Gruzinski, 2001: 177-178.

podemos buscar longe os precursores das novas modalidades históricas que – vazando ou aceitando os limites no interior de uma realidade nacional – abriram-se às possibilidades de conectar histórias de uma nova maneira, afrontando a história que pretende se apresentar com "h" maiúsculo, como uma única história que se impulsiona pela frente de maneira unidirecional, por vezes anulando a diversidade e a multiplicidade de experiências históricas que por vezes ficam perdidas ou soterradas sob esta estrada única.

De certa maneira, pode-se dizer que a prática das histórias interconectadas envolve a possibilidade de religar experiências diversas de uma nova maneira, renovando o esforço que já havia sido realizado pela História Comparada mais tradicional no sentido de pensar novas possibilidades de recortes. A imagem de interconexão, por outro lado, remete tanto a possibilidades narrativas como a possíveis pontos problemáticos de conexão, sem mencionar que algumas realidades historiográficas complexas, como a dos grandes impérios que abarcam dentro de si mundos culturais diversos, parecem convidar ao estabelecimento de conexões com vistas a uma apreensão mais plena da realidade examinada. Nas histórias interconectadas, enfim, as histórias devem se encadear de alguma maneira.

Imagem de conexão

A expressão "connected histories" – que para o português estaremos adaptando com a expressão "histórias interconectadas" – foi criada pelo historiador indiano Sanjay Subrahmanyam

(n. 1961)[45], estudioso do império português no período moderno. Segundo essa perspectiva, a História – ou "as" histórias – só podem ser, rigorosamente falando, múltiplas e diversificadas (ainda que interconectadas), e não constituem em absoluto uma única e grande História, homogênea, linear, conduzida em uma única direção. Serge Gruzinski[46] assim descreve esse novo campo de possibilidades no que se refere às demandas que o geraram:

> Diante de realidades que convém estudar a partir de múltiplas escalas, o historiador tem de se converter em uma espécie de eletricista encarregado de restabelecer as conexões internacionais e intercontinentais que as historiografias nacionais desligaram ou esconderam, bloqueando as suas respectivas fronteiras. As que dividem Portugal e Espanha são típicas:

---

45. Sanjay Subrahmanyam (n.1961) – historiador indiano com interesses historiográficos no estudo do Império Português – é professor de História Indiana na Universidade da Califórnia. A História Econômica constitui um dos seus enfoques predominantes. Começa a se voltar para a abordagem das histórias conectadas em 2004, cunhando esta expressão em duas obras principais: *Explorations in Connected History: From the Tagus to the Ganges* (2004) e *Explorations in Connected History: Mughals and Franks* (2004).

46. Serge Gruzinski (n. 1949) – historiador francês especializado em temáticas latino-americanas, em especial no México colonial – também realizou pesquisas sobre o Brasil e o império hispânico-português do período moderno. *O pensamento mestiço* (2001) é uma de suas mais conhecidas obras no Brasil. A sua ligação com o campo das histórias conectadas efetiva-se a partir dos seus mais recentes interesses pelo estudo da Monarquia Católica, segundo ele um "vasto aglomerado planetário" que surge a partir de 1580, "quando a união das duas coroas [portuguesa e espanhola] acrescentou Portugal e o seu império mundial às posses de Carlos V" (GRUZINSKI, 2001: 179). Com esse objeto – uma vasta realidade política que conecta diferentes partes do planeta e diversificadas culturas – o império português/espanhol se apresenta a Gruzinski como um lugar privilegiado para a prática de uma história simultaneamente interconectada e transnacional. De igual maneira, o fenômeno de planetarização recoberto pela Monarquia Católica do século XVI pode ser observado em "âmbitos tão diversos como o urbanismo, a literatura e o direito" (GRUZINSKI, 2001: 181).

várias gerações de historiadores escavaram entre os dois países fossos tão profundos, que hoje em dia é preciso muito esforço para entender a história comum a estes dois países e impérios (GRUZINSKI, 2001: 176-177).

As histórias conectadas, ou "histórias interconectadas" – como teremos liberdade de chamá-las – surgiram neste mesmo grande movimento que se tem construído em torno da sugestão de favorecer a ultrapassagem das fronteiras historiográficas artificiais. Não constituem necessariamente "histórias transnacionais", embora frequentemente também o sejam, no sentido de que o historiador é quem define o que estará "conectando". Por outro lado, certos objetos e problemas históricos, em decorrência de suas próprias características, quase demandam uma combinação entre histórias conectadas e história transnacional. Entrementes, as balizas nacionalistas, as categorias nacionais de hoje e os direcionamentos estereotipados parecem pesar de tal maneira sobre a prática historiográfica em nossos dias que, mesmo diante da demanda de uma realidade histórica que já é multidiversificada por si mesma, os historiadores tendem a recuar para os limites tradicionais que mantêm correspondências com o imaginário nacionalista ou com os recortes político-administrativos mais habituais. É o que nos diz Serge Gruzinski ao comentar a historiografia predominante nos estudos sobre a Monarquia Católica do início do período moderno:

> Enquanto os historiadores costumam preocupar-se em inventar e construir novos objetos definindo territórios e cronologias, a Monarquia Católica forma uma realidade preexistente no espaço e no tempo. Essa preexistência não significa [entretanto,] que os historiadores tenham espontaneamente adotado o território do império como campo de observação.

Muitas vezes, esta realidade gigantesca, bastante heterogênea e fragmentada para se deixar facilmente estudar, foi escamoteada nas abordagens hispanocêntricas. O livro recente de Geoffrey Parker, *The World is not enough. The Grand strategy of Philip II*, apesar do seu título e das suas ambições, contém poucas coisas sobre as dimensões africanas, asiáticas e americanas da monarquia. Acontece o mesmo com abordagens italianas que não tomam em conta as Américas ibéricas, Portugal e Ásia nas suas reflexões sobre o "sistema imperial" (GRUZINSKI, 2001: 179).

Desta forma, mesmo diante dos objetos que expõem uma enorme riqueza de possibilidades já ao primeiro olhar, muitos historiadores deixam-se conduzir pelos caminhos em pontilhado que tantos já percorreram, sempre os mesmos, deixando que se percam fascinantes possibilidades de pesquisa e de tratamentos historiográficos fora da linearidade habitual[47].

As histórias interconectadas, assim como outras modalidades similares, requerem acima de tudo um rompimento em relação aos padrões historiográficos que costumam orientar as

---

47. A Monarquia Católica pode ser entendida tanto como o império hispânico sob o reinado de Carlos V, dadas as suas vastas extensões que incluíram a Espanha, a América Hispânica, regiões da Itália, Áustria e Países Baixos, como também o momento posterior em que ocorre a União Ibérica entre Portugal e Espanha, a partir de 1580. Esta imensa e diversificada realidade política e cultural que foi a Monarquia Hispânica apresenta-se como um destes campos de estudos cuja fascinante complexidade oferece-se ao historiador. Assim se expressa Gruzinski a seu respeito: "A Monarquia Católica é um objeto de investigação apaixonante. Recobre um espaço que reúne vários continentes; aproxima ou conecta várias formas de governo, de exploração e de organização social; confronta, de maneira às vezes bastante brutal, tradições religiosas totalmente distintas. Foi, ainda, o teatro de operações planetárias entre o cristianismo, o Islão, e o que os ibéricos chamavam de idolatrias, uma categoria que abarca arbitrariamente os cultos americanos, os cultos africanos, ou ainda as grandes religiões da Ásia" (GRUZINSKI, 2001: 179-180).

escolhas temáticas habituais, às quais uma boa parte da historiografia já se acostumou de modo demasiado rígido. Liberar o olhar historiográfico parece ser a sua precondição. Devemos ressaltar, ao lado disso, que existem pelo menos três modalidades (além das formas e experiências mais tradicionais de História Comparada) que se têm proposto a exercitar necessariamente esta liberação do olhar historiográfico, ao mesmo tempo em que desenvolvem uma abordagem historiográfica na qual se intensificam os "procedimentos relacionais"[48].

Essas três modalidades, cujas designações parecem indicar campos históricos bastante próximos e com muitos pontos em comum, são as chamadas "histórias interconectadas", "histórias entrelaçadas" e "histórias cruzadas", sem mencionar uma outra modalidade que frequentemente se combina às três outras, e que tem sido denominada "história transnacional"[49]. Entrementes, a verdade é que parece haver uma certa disputa e territorialização, no campo de saberes contemporâneos, em torno destas designações, e nem sempre elas representam efetivamente experiências tão distintas, apesar dos manifestos que seus líderes procuram dirigir uns contra os outros à maneira de demarcar seus territórios acadêmicos. Como se apresentam as novas modalidades relacionais no mapa dos atuais saberes historiográficos e de seus lugares institucionais? Reflitamos um pouco sobre isso.

---

48. Consideramos aqui as modalidades que atendem mais diretamente à necessidade de colocar em interação e de dar visibilidade às realidades sócio-históricas ou culturais que, por vezes, são indevidamente ofuscadas ou recobertas por uma história quase oficial (a qual privilegia apenas uma determinada realidade como se esta constituísse um caminho em pontilhado que quase se percorre sem a percepção de que se trata apenas de mais um caminho). É o caso, por exemplo, da leitura da civilização ocidental como única dimensão a ser estudada na Monarquia Católica, tal como observou Gruzinski no trecho atrás citado.
49. Modalidade discutida no capítulo anterior.

As "histórias interconectadas" parecem tender as serem comumente assumidas como uma designação mais relacionada aos novos centros emergentes de produção do saber historiográfico – e não é à toa que a primeira vez que a expressão apareceu foi na obra de um historiador indiano. Outrossim, o historiador francês Serge Gruzinski (n. 1949), pesquisador interessado em realidades culturalmente multidiversificadas como a do México antigo ou a do império português/hispânico, parece ter assumido essa mesma designação para alguns de seus trabalhos. Rigorosamente falando, o trabalho de Gruzinski sobre o Império Hispânico-Português – ou sobre a Monarquia Católica – talvez pudesse se associar ainda com maior eficácia à designação das "histórias entrelaçadas", se considerarmos que o universo histórico por ele estudado abarca toda uma diversidade de realidades culturais e civilizacionais que passaram a se *entrelaçar* sob a orquestração dessa unidade política de extensões planetárias que foi a da União Ibérica. De todo modo, a possibilidade de transitar menos ou mais livremente entre as diversas designações apenas atesta a íntima proximidade dessas novas perspectivas de estudos.

Enquanto as "histórias interconectadas" têm se afirmado preferencialmente como designação historiográfica nos meios não europeus de produção do saber histórico, ou ao menos são encaminhadas por historiadores de qualquer parte que estão particularmente interessados nos contextos não europeus como objetos de estudo[50], a História Cruzada – outra designação que

---

50. Entre os historiadores que têm assumido a designação de "connected histories" para seus trabalhos há muitos voltados para os estudos sobre América Latina, África, Ásia. Para estes dois últimos casos, ocupam especial lugar os processos de descolonização. Cf., p. ex., o livro *Conectando Histórias: a descolonização e a Guerra Fria no Sudeste Asiático* (CHRISTOPHER; GOSCHA & OSTERMANN, 2009). Cf. tb. Hanifi, 2011.

aponta para preocupações historiográficas muito próximas e que examinaremos em mais detalhes no próximo capítulo – parece estar afirmando a sua base a partir de um grupo francês ligado à Ehess, em Paris[51]. Por outro lado, também alguns historiadores britânicos e americanos, particularmente os interessados na História Atlântica, têm disputado a designação. Para fechar o circuito, podemos lembrar que as já discutidas "histórias transnacionais" apresentam uma grande recorrência, entre seus praticantes, de historiadores americanos. Existe, conforme se pode entrever, uma certa disputa e oposição de designações que nem sempre se refere mais rigorosamente a questões historiográficas específicas, e sim à sua inserção em certos centros ou laboratórios de pesquisa. De todo modo, a partir de alguns exemplos específicos poderemos buscar uma apreensão mais satisfatória das características essenciais de cada uma das modalidades atrás mencionadas. Sobretudo, em uma nação historiográfica como o Brasil, já rica e diversificada, podemos nos perguntar como poderemos assimilar este conjunto de designações aos trabalhos historiográficos que aqui se desenvolvem, e que podemos combiná-los sem nos deixar comprimir por disputas de territórios acadêmicos que não são nossas.

Ilustraremos a modalidade de "histórias interconectadas" com o belo livro que Peter Linebaugh e Marcus Rediker intitularam *A Hidra de muitas cabeças: marinheiros, escravos, plebeus e a história oculta do Atlântico revolucionário* (2000). Através de histórias diversas – construídas a partir de uma surpreendente "vista de baixo" que revela uma face até então inédita nos estudos da formação do capitalismo seiscentista e setecentista – os autores conseguem criar uma grande interconexão que é precisamen-

---

51. École des Hautes Études em Sciences Sociales.

te a resistência oculta a esse processo global. Trata-se de recuperar "centelhas perdidas", para retomar uma célebre expressão de Walter Benjamin em suas *Teses sobre o conceito de História* (1940), ou de instituir uma forma de visibilidade que a historiografia oficial negou aos motins de marinheiros insubordinados, aos náufragos lançados ao mar pelas aventuras colonizadoras, às conspirações portuárias, às revoltas e rebeldias de escravos, às resistências cotidianas dos proletários ingleses de ambos os lados do atlântico ou à formação de redes atlânticas de pirataria que configuravam um sistema paralelo de poder e sociabilidades, sem deixar de lembrar os já mencionados grupos radicais da revolução inglesa que foram analisados por Christopher Hill na obra atrás discutida (*O mundo de ponta-cabeça*).

Na obra de Linebaugh e Rediker (*A Hidra de muitas cabeças*), o Atlântico Norte – esse mar concreto, imaginário, fornecedor de riquezas ou de naufrágios, mediador do degredo ou do comércio, percebido do porto ou de dentro dos navios, observado do ponto de vista de uma liberdade oprimida ou de uma escravidão imposta – é o grande elo. O mar é o personagem que estende seu manto por sobre todas as histórias que, aqui, encontram a sua interconexão através de uma densa análise apoiada em uma diversificada documentação. Este grande espaço fluido que une o mar e as zonas portuárias e litorâneas trianguladas pela Europa, África e Caribe[52] – pontos nodais de um sistema comercial muito específico – é o que oferece precisamente, a essas histórias interconectadas, o seu ambiente, seu cenário, seu metaenredo, a sua possibilidade de se abrigarem

---

52. A triangulação entre Europa, África e América, aliás, é o que traz uma identidade específica ao sistema comercial do Atlântico Norte, por contraste em relação ao sistema comercial do Atlântico Sul, que unia diretamente a América Portuguesa e a África, sem a necessidade da mediação europeia.

sob uma envolvente circularidade de modos de resistência e práticas revolucionárias[53].

O inusitado título do livro estabelece um novo liame. A "Hidra de Lerna" era um monstro pantanoso de diversas cabeças – o qual, na mitologia grega, Hércules havia enfrentado no segundo dos seus doze trabalhos. A Hidra de Lerna parecia invencível até ser enfrentada por Hércules. Cortada uma das suas nove cabeças de serpentes, renascia outra. Os autores do livro utilizam a metáfora para mostrar o constante reaflorar das resistências ao capitalismo global e às suas opressões e imposições no período considerado, através das mais diversas formas e dando vida a histórias diversas. Na verdade, a imagem foi extraída de um lugar-comum muito presente na linguagem das próprias classes dominantes e governantes que – com um misto de desprezo, receio e impiedoso rigor – submetiam aqueles que resistiam às margens do capitalismo em formação:

> Os governantes usaram o mito de Hércules e da Hidra para descrever a dificuldade de impor a ordem em sistemas de trabalho cada vez mais globais, apontando aleatoriamente plebeus esbulhados, delinquentes deportados, serviçais contratados, extremistas religiosos, piratas, operários urbanos, soldados, marinheiros e escravos africanos como as cabeças numerosas e sempre cambiáveis do monstro (LINEBAUGH & REDIKER, 2008: 12).

O terceiro liame entre as histórias interconectadas que foram unidas pelo livro de Linebaugh e Rediker é conceitual. Os

---

53. Até 1790, segundo os autores, o sistema do Atlântico Norte favoreceu uma típica circularidade de ideias revolucionárias, unindo trabalhadores da Inglaterra e da América Inglesa, e também grupos sociais e étnicos diversos. Depois deste momento, essa unidade se quebra, em favor de um mecanismo de identidades que passa a ser baseado nas noções da "nação", "raça", "classe social".

autores estabelecem uma unidade analítica através do conceito de "proletariado atlântico", uma categoria translocal, transfuncional e interétnica que abrange grupos sociais tão diversificados como os marinheiros em geral, os camponeses ingleses expropriados que passam a ser absorvidos pelo capitalismo urbano, os africanos escravizados e traficados, e os nativos americanos incorporados ao sistema através de outros tipos de trabalho compulsório. A unidade conceitual através de uma análise que abrange diversos tipos de trabalho, mas que os integra em uma única categoria narrativa, é o contraponto da unidade conceitual que une os diversos tipos de personagens através do conceito de "Atlântico revolucionário". O fio conceitual, como se vê, é o terceiro elemento da trama que une as histórias interconectadas apresentadas por Linebaugh e Rediker.

É importante ressaltar que as histórias trazidas a primeiro plano por Linebaugh e Rediker são interconectadas sob uma perspectiva efetivamente transnacional. Através do mar e do circuito triangular que une Europa, África e América, as experiências circulam e interagem com os diversos grupos envolvidos de cada lado do Atlântico, constituindo um poderoso fator que move, influencia e refaz a história dos diversos grupos sociais que constituem essa grande e diversificada população que os autores chamaram de "proletariado atlântico". Podemos dizer que, deste modo, unem-se aqui as modalidades que podem ser definidas como "histórias interconectadas" e "histórias transnacionais".

É também uma proposta de elaboração de histórias interconectadas, igualmente em conexão com uma perspectiva transnacional – mas agora trazendo ao âmbito comparativo-relacional as unidades nacionais mais amplas que podem ser apreendidas por uma perspectiva macro-histórica – o que temos com o artigo

"*Connected Histories: Notes towards a Reconfiguration of Early Modern Eurasia*" de Sanjay Subrahmanyam (1997: 735-762). O próprio autor – em sua intenção de iluminar uma compreensão do Japão moderno a partir de uma perspectiva comparada que aborda também outros países asiáticos – situa o seu artigo como uma resposta indireta a outro texto, no qual Victor Lieberman busca comparar seis experiências euro-asiáticas distintas: Burma, Sião, Vietnã, França, Rússia e Japão (LIEBERMAN, 1991: 1-31).

Estudos como estes – de um e outro autor – mostram que, ainda que o ponto de partida ou motivação central seja compreender um processo histórico em certo país, a perspectiva transnacional ou interconectante pode ser alcançada ampliando o universo de observação com vistas a incorporar a análise de outras sociedades ou unidades políticas. Por vezes, esta ampliação de universos de observação é mesmo fundamental para corrigir distorções. Não é por acaso que Subrahmanyam (1997: 735) – em seu texto sobre a conexão do Japão com outros países asiáticos – toma para epígrafe de seu artigo uma passagem em que Tanaka Yuko identifica a tendência do imaginário japonês moderno a minimizar as conexões com os demais países asiáticos, ao mesmo tempo em que valorizam as interconexões com o Ocidente:

> A maioria dos japoneses, mesmo hoje, costuma acreditar que o universo político-cultural do período Edo foi fundamentalmente determinado pelo fechamento do país. Eles também tendem a considerar que a abertura do Japão pode ser reduzida ao desenvolvimento dos intercâmbios com o Ocidente, após o surgimento do regime Meiji. É difícil, para os japoneses de hoje, imaginar que o Japão se desenvolveu em relação com outros países asiáticos, uma vez que

eles são pouco acostumados a valorizar as demais culturas asiáticas (YUKO, 1995: 281).

Ao lado disso, conforme assinala Subrahmanyam, a prática de trabalhar com interconexões mais ricas pode se mostrar particularmente importante para evitar os riscos de aceitação muito fácil de uma história global oficial, que remeteria, mais uma vez, à perspectiva ocidentocêntrica:

> O início do período moderno também levanta uma série de questões-chave que podem ser tratadas sob a perspectiva mais ampla da "antropologia histórica". Assim, é de evidente interesse examinar como as noções de universalismo e humanismo emergiram em vários vocabulários, e ainda como estes termos de fato não uniram propriamente o mundo moderno nascente, mas antes levaram a novas ou intensificadas formas de hierarquia, dominação e separação (SUBRAHMANYAM, 1997: 110).

Abrir perspectivas comparadas, transnacionais ou interconectantes, enfim, pode ser vital para fugir a certas distorções que se consolidaram imperativamente, por um motivo ou por outro. Outros exemplos de aberturas e caminhos historiográficos interessantes poderiam ser evocados, incluindo as diversificadas formas de encaminhar histórias interconectadas que têm surgido nos mais recentes horizontes historiográficos. Seria possível pensar a combinação da experiência das histórias interconectadas com a Micro-história. Pequenas, mas significativas histórias, recuperadas ao rés do chão – envolvendo diferentes atores sociais ou distintos ambientes de sociabilidade – também poderiam encontrar a sua ligação, seja a partir das grandes questões que incitam, seja a partir de um certo padrão narrativo. Essas micro-histórias também poderiam ser abordadas sob a perspectiva que mais propriamente poderia ser chamada de "histórias cruzadas", no sentido de que fazem parte não apenas da mesma trama historiográfica construída pelos historiadores, mas também de uma trama histórica na qual os personagens e situações se cruzam na sua própria época.

Conforme antes mencionado, o gesto de "interconectar", "cruzar" ou "entrelaçar" histórias – ou, reunindo todas estas perspectivas em uma expressão única, o "gesto relacional" – constitui uma operação que pode se referir tanto à apreensão do objeto ou à construção da problematização, como à elaboração da narrativa ou do modo de encaminhar o entrelaçamento de análises. Neste último aspecto em particular – o qual se refere à possibilidade de elevação do "gesto relacional" a uma instância intrínseca à elaboração do texto final do historiador – podemos nos perguntar o que a História poderia aprender, nas próximas décadas, com o Cinema e com a Literatura.

O Cinema, de sua parte, já há muito ultrapassou os padrões lineares de exposição da obra, e certamente o mesmo pode ser dito acerca da Literatura moderna. *Pulp Fiction* (1994), por exemplo, pode ser lembrado como uma produção cinematográfica que se manifesta através do gesto de "interconectar histórias"[54]. *Crash – no limite* (2004), por outro lado, pode ser

---

54. *Pulp Fiction* (1994) é um filme estadunidense escrito e dirigido por Quentin Tarantino, a partir de um argumento formulado por ele e por Roger Avary. A trama – que se tornou célebre por sua forma narrativa não linear – interconecta três histórias principais e envolve alguns personagens que se cruzam através da narrativa: um gangster com sua esposa, dois assassinos profissionais a serviço do primeiro, um pugilista que havia sido subornado para perder uma luta (mas que depois muda de ideia e passa a ser perseguido pelo gângster), e um casal de assaltantes (Yolanda e Ringo). As narrativas se interconectam fora de uma ordem cronológica linear, e cada grande segmento centraliza-se em torno de um ou dois personagens, de modo que a trama desloca concomitantemente os pontos de vista. O título é baseado em um gênero de revistas que circulava na primeira metade do século XX, as *Pulp*.

evocado como um filme que foi criado a partir do gesto de "entrelaçar histórias"[55]. Novamente uma interconexão – mas agora a partir de um único acontecimento central que tanto expressa a unidade da obra como a possibilidade de gerar desdobramentos específicos – é o que temos com o drama fílmico *21 Gramas* (2003)[56]. Poderíamos citar ainda o filme brasileiro *Cidade de Deus* (2002)[57], entre outras realizações do Cinema, as quais

---

55. Crash – no limite (2004) mais "entrelaça" do que "interconecta" as suas histórias (ao contrário de Pulp Fiction). O filme – uma produção estadunidense e alemã – foi dirigido por Paul Haggis. O problema de fundo, que une as diversas narrativas, é o dos preconceitos raciais e sociais em Los Angeles, envolvendo negros, brancos, muçulmanos, latinos e orientais, além das oposições relacionadas a desigualdades sociais. Além disso, a trama mostra personagens "no limite", perdendo controle e frequentemente reagindo mecanicamente – mas ocasionalmente, nos momentos em que se esbarram uns nos outros, tendo vislumbres de consciência sobre quem realmente são e sobre a forma patética como conduzem suas vidas – de modo que este aspecto também se converte em uma segunda amarra de entrelaçamento na trama do filme. No enredo, o foco narrativo passa a todo instante para cada um dos diversos personagens envolvidos.

56. 21 Gramas (2003) – produção estadunidense dirigida por Alejandro Gonzáles Inarritu e com roteiro de Guillermo Arriaga – interconecta diversas histórias a partir de um trágico acidente automobilístico. No filme, as vidas dos personagens são apresentadas antes e depois do acidente, o que faz deste último o brutal ponto de conexão entre as várias trajetórias de vida que são modificadas em função do acontecimento trágico que as une. A narrativa é francamente não linear, e intermescla fragmentos da vida de cada um dos três principais personagens da trama: um matemático acadêmico em estado de saúde crítico, uma mãe transtornada pelo luto, e um ex-presidiário convertido ao cristianismo. O título do filme refere-se a uma teoria desenvolvida em 1907 pelo médico Duncan MacDougall (1866-1920), segundo a qual ocorreria, no momento da morte de um indivíduo, uma perda de 21 gramas de massa corpórea, a qual seria correspondente ao peso da alma que abandonou o corpo. Com relação ao modelo de entrelaçamento de narrativas, Inarrito e Arriaga também o utilizaram em *Amores brutos* (2000) e *Babel* (2006).

57. *Cidade de Deus* (2002), filme brasileiro dirigido por Fernando Meirelles e produzido por Walter Salles, foi adaptado do romance de mesmo nome escrito por Paulo Lins. Assim como no livro, no roteiro de Bráulio Montavani as trajetórias dos diversos personagens se entrelaçam e cruzam-se a cada momento, unidas pela dinâmica que se estabelece entre a criminalidade e a vida cotidiana na favela. Apesar da narrativa cronológica quase linear – quebrada discretamente por *flashbacks* que promovem idas e vindas no tempo – o livro de Paulo Lins inova

certamente oferecem bons exemplos de uma trama conduzida a partir do entrelaçamento de histórias, do cruzamento de narrativas, ou da interconexão de destinos humanos no interior de um roteiro bem construído[58]. Diante dessas criações do Cinema, e de tantas outras que poderiam ser mencionadas no âmbito da Literatura, podemos nos indagar seriamente se a História não poderia se beneficiar de um investimento maior nos novos modos de expor o texto, rompendo com os padrões lineares de escrita com vistas a encontrar soluções textuais capazes de expor com maior clareza a diversidade histórica e os aspectos relacionais que envolvem todos os seus processos. A entender por aqui, uma nova revolução historiográfica, dessa vez relacionada à assimilação de novas possibilidades de escrita, ainda espera encontrar o seu ponto de maior floração. Estaremos vivendo, hoje, os primórdios de um novo grande ímpeto de transformações historiográficas? As próximas décadas nos trarão a resposta, e o diálogo da História com o Cinema e a Literatura poderá desempenhar um papel fundamental nessas transformações.

---

ao entrecruzar variações no estilo da narrativa. Ao mesmo tempo, frequentemente a narrativa é interrompida para apresentar um personagem que aparece pela primeira vez, narrar um fato crucial, descrever pormenorizadamente um local ou expor detalhes brutais das ações criminosas. Esses cortes, e a criativa alternância de estilos narrativos que se vale de variantes linguísticas relacionadas aos diversos tipos de personagens, trazem uma interessante singularidade ao modo narrativo de *Cidade de Deus*. O conjunto é amarrado, por fim, pela interligação visceral de todos a esse grande ambiente que é a "neofavela" (expressão de Paulo Lins, que além de literato é antropólogo). A "neofavela" é a grande realidade e destino da qual nenhum dos personagens consegue escapar. Ao fim de tudo, através do entrelaçamento de todas as histórias individuais, *Cidade de Deus* se apresenta efetivamente como a "história de uma comunidade".

58. Outros exemplos de filmes baseados em histórias interconectadas podem ser encontrados em *Powder Blue* (2009), de Timothy Linh Bui, *New Year's Eve* (2011), de Garry Marshall, e *Nashville* (1975), de Robert Altman. Uma experiência envolvendo diversos cineastas que elaboraram onze curtas-metragens unidos pelo ambiente de uma grande cidade foi realizada em *New York, I Love You* (2009).

O modelo das histórias interconectadas, e também o das histórias cruzadas – conforme veremos no próximo capítulo – pode partilhar dessas alternativas estilísticas e de muitas outras possibilidades. Tal como ocorre com as "histórias interconectadas", as "histórias cruzadas" podem ser aplicadas seja a uma perspectiva macro-historiográfica, seja a uma perspectiva micro-historiográfica. Imaginemos, para este último caso, a possibilidade de investigar uma pequena aldeia na qual, a cada instante, o historiador-autor segue um novo personagem (individual ou coletivo) valendo-se da possibilidade de caminhar pelo labirinto social e cultural proporcionado pelas suas fontes com vistas à proposição de grandes questões.

Para finalizar este capítulo, é importante ter em vista que, na elaboração do texto histórico, a possibilidade de "interconectar", "entrelaçar" e "cruzar" não se aplica apenas ao aspecto narrativo, mas também ao aspecto analítico. Por um lado, o historiador pode trabalhar com a elaboração de narrativas interconectadas e cruzadas; mas ao lado disso deverá trabalhar – e isto é o principal – com análises interconectadas e análises cruzadas. "Interconectar", "cruzar", "entrelaçar" não são apenas gestos narrativos. No caso da História, são também gestos analíticos[59].

---

59. Vale lembrar, ainda, que a designação "connected histories" também tem sido disputada por uma associação de universidades britânicas que, em 31 de março de 2011, criou um site para disponibilização de fontes da História do Império Britânico entre 1500 e 1900 (http://www.connectedhistories.org/). Nesse caso, a interconexão dá-se entre redes de fontes e de recursos digitais, e não se trata, obviamente, de uma referência ao conceito de "connected histories" como modalidade historiográfica. O empreendimento é similar ao "Projeto Resgate" (*Projeto Resgate de Documentação Histórica Barão do Rio Branco*), que desde 1996 tem se desenvolvido a partir de uma iniciativa bilateral entre Brasil e Portugal, sob a coordenação do Ministério da Cultura. O fundamento do *Projeto Resgate* é a proposta da Unesco de considerar como "patrimônio comum" o conjunto de documentos relacionados ao passado de dois países anteriormente ligados pelos laços do colonialismo.

12
Histórias Cruzadas

A noção de "História Cruzada"[60], tal como a de "histórias interconectadas", ainda oscila em torno de certas possibilidades de sentido. Trata-se de uma noção que ainda está se construindo no horizonte historiográfico mais recente. Bénédicte Zimmermann e Michael Werner[61], em um artigo no qual procuram delimitar essas possibilidades de sentidos, assim se expressam acerca dos caminhos historiográficos que poderiam ser situados sob a designação de *história cruzada* ou *histórias cruzadas*, no singular ou no plural conforme o caso:

> Empregada há cerca de dez anos em ciências humanas e sociais, esta noção deu lugar a vários usos. Na maioria dos casos ela remete, de modo vago, a uma ou a um conjunto de histórias associadas à ideia de um cruzamento não especificado. Ela aponta então simplesmente para uma configuração de acontecimentos, mais ou menos estruturada pela metáfora do cruzamento. Frequentemente, aliás, tais usos

---

60. *Histoire Croisée*, em francês, ou a modalidade que tende a ser traduzida por *Entangled History*, em inglês (uma palavra que, em seu sentido mais rigoroso, refere-se a "emaranhado", mais do que a "cruzamento").

61. Bénédicte Zimmermann é socióloga, historiadora e pesquisadora ligada à École des Hautes études em sciences sociales, e, além desta instituição, dirige também o Centre Georg Simmel. Michael Werner é historiador, professor e pesquisador de história cultural na École des Hautes études em sciences sociales.

evocam *histórias cruzadas*, no plural. Este emprego corrente, relativamente indiferenciado, distancia-se das práticas de pesquisa que procuram uma abordagem mais específica. Neste caso, a história cruzada relaciona, geralmente em escala nacional, formações sociais, culturais e políticas, partindo da suposição que elas mantêm relações entre si. Ela enseja por outro lado uma reflexão acerca da operação que consiste em "cruzar", tanto no plano prático como no plano intelectual. Mas estes usos estão apenas começando a fixar-se (ZIMMERMANN & WERNER, 2003: 89-90).

Os autores prosseguem mostrando que a História Cruzada inscreve-se nessa família de campos históricos que foi inaugurada pela História Comparada há muitas décadas, e que pode ser compreendida sob o signo dos "procedimentos relacionais", contando com a adesão de outros campos historiográficos mais recentes que, além da comparação, investiram nos "estudos de transferência"[62], na elaboração das "histórias interconectadas" e na edificação de um campo que, em português, poderia ser traduzido como "história compartilhada" (*Shared History*)[63]. Por

---

62. As relações entre Transferência Cultural e História Comparada mereceram um artigo específico de Mathias Middell (2000: 7-41). Um nome importante dos estudos de transferências é o de Michel Espagne (n. 1952).

63. A filosofia das "histórias compartilhadas" seria a mesma que ampara os projetos voltados para o exame do patrimônio comum entre as histórias de dois países que tiveram seu passado entrelaçado por algum liame muito forte, como é o caso das sociedades que estiveram ligadas por laços de colonialismo (caso de Brasil e Portugal, que mereceram o já mencionado *Projeto Resgate* com vistas à disponibilização mútua de um patrimônio documental em comum). Ao mesmo tempo, podemos pensar em temáticas diversas que poderiam remeter a *Shared Histories*, como é o caso da história de minorias religiosas que, no interior de um país que possui uma forma religiosa dominante, partilham os mesmos processos de enfrentamento em relação aos mecanismos de repressão.

outro lado, há um empenho dos autores em captar a especificidade da História Cruzada. Entrementes, eles reúnem como aspectos formadores desta especificidade itens que, rigorosamente falando, não deveriam ser estranhos às corretas perspectivas comparatistas, ou mesmo à História em sentido mais amplo:

> Mas a história cruzada ambiciona tratar objetos e problemáticas específicas que escapam às metodologias comparatistas e aos estudos de transferências. Ela permite apreender fenômenos inéditos a partir de quadros renovados de análise. Assim fazendo, ela fornece a ocasião de sondar, por um viés particular, questões gerais como escalas, categorias de análise, relação entre sincronia e diacronia, regimes de historicidade e de reflexividade. Enfim, ela coloca o problema da sua própria historicidade a partir de um triplo procedimento de historicização: do objeto, das categorias de análise e das relações entre o pesquisador e o objeto. Ela oferece, assim, uma "caixa de ferramentas" que, mais além das ciências históricas, pode ser operacional em muitas outras disciplinas que cruzam as perspectivas do passado e do presente (ZIMMERMANN & WERNER, 2003: 90-91).

De resto, a "caixa de ferramentas" proposta por Zimmermann e Werner não deveria deixar de estar presente em todas as modalidades da família das histórias comparadas, ou mesmo na oficina do historiador, de modo geral. Outrossim, uma contribuição dos autores é chamar atenção para o fato de que determinadas categorias e escalas já tradicionais para a definição dos objetos da História Comparada – como a região, o Estado-nação, ou a civilização – precisam ser elas mesmas repensadas a partir da sua historicidade. Nenhuma dessas categorias é "unívoca ou generalizável", continuam os autores, mas sim "carregadas de conteúdos específicos e, portanto, difíceis de transpor em quadros diferentes". De igual maneira, a escolha da escala nunca é neutra, "mas sempre já marcada por uma representação particular que mobiliza categorias específicas historicamente constituídas" (ZIMERMMANN & WERNER, 2003: 92)[64].

Situados os problemas que desafiam as modalidades baseadas em "procedimentos relacionais", Zimmermann e Werner empenham-se em delimitar mais propriamente o que seria o campo da História Cruzada, segundo a sua proposta. "Cruzar", conforme salientam os autores, é "dispor duas coisas sobre a outra em forma de cruz" (ZIMERMMANN & WERNER, 2003: 95). A imagem da cruz, efetivamente, permite pensar pontos de intersecção entre as diversas realidades em cruzamento. Trata-se de uma imagem que também rompe com a perspectiva de linearidade que temos, por exemplo, com a imagem de um polo atuando sobre o outro que aparece mais

---

64. É muito rico o universo de problemas levantados por Zimmermann e Werner em seu artigo, o qual busca, de alguma maneira, estabelecer a História Cruzada em um espaço diferenciado em relação a outras modalidades como a História Comparada ou as Histórias Transnacionais. Entre os problemas a serem enfrentados pelas modalidades historiográficas caracterizadas por "procedimentos relacionais", os autores lembram o problema das "zonas de contato", que se referem à interação que pode ocorrer entre os objetos de comparação: "Quando se estuda sociedades em contato, frequentemente constatamos que os objetos e práticas estão não somente em relação de inter-relação, mas ainda se modificam reciprocamente sob o efeito da relação estabelecida. Muitas vezes é o caso, por exemplo, nas ciências humanas e sociais, em que as disciplinas e escolas evoluem por meio de trocas cruzadas, em atividades culturais como a literatura, a música e as artes, ou em domínios práticos como a publicidade, as técnicas de *marketing*, as culturas de organização ou ainda as políticas sociais. O estudo comparado de tais zonas de contato, que se transformam enquanto interagem, convida o pesquisador a reorganizar seu quadro conceptual e a repesar seus instrumentos de análise" (ZIMMERMANN & WERNER, 2003: 93).

comumente nos estudos de transferências culturais, que são criticados pelos autores como modelos que estabelecem pontos de partida e de chegada muito definidos. Os "pontos de intersecção" são lugares onde "podem-se produzir acontecimentos suscetíveis de afetar em graus diversos os elementos em presença, segundo sua resistência, permeabilidade, maleabilidade, e de seu entorno". "Essa ideia de interseção", continuam os autores, "está no princípio mesmo da história cruzada" (ZIMMERMANN & WERNER, 2003: 96).

Imagens de cruzamentos

A imagem de cruzamento também aparece de outra forma quando se pensa no entrelaçamento, e não é de se estranhar que também tenha surgido a designação de "histórias entrelaçadas" como mais uma alternativa entre as expressões que buscam nomear os modos de fazer história que concebem realidades ou processos que se interpenetram, que entram uns nos outros, que interagem de uma maneira tal que já não se mostra possível considerar cada unidade ou fio isoladamente.

Imagem de entrelaçamento

Zimmermann e Werner atribuem um significado muito especial à ideia de *cruzamento*, e a situam no cerne de uma diferença patente entre a História Cruzada e a "história comparada" (expressão com a qual designam as práticas mais conservadoras e simplificadoras da história comparada no sentido tradicional, em nossa opinião):

> A noção de interseção exclui de início o raciocínio a partir de entidades individuais, consideradas exclusivamente por elas mesmas, sem ponto de referência exterior. Ela rompe com uma perspectiva unidimensional, simplificadora e homogeneizadora, em benefício de uma abordagem multidimensional que reconheça a pluralidade e as relações complexas que daí resultem. Desde logo, as entidades ou os objetos de pesquisa não são apenas considerados uns em relação com os outros, mas igualmente uns através dos outros, em termos de relações, interações, circulação. O princípio ativo e dinâmico do cruzamento aqui é primordial, em contraste com o quadro estático de comparação que tende a fixar os objetos (ZIMMERMANN & WERNER, 2003: 96).

Desde já, percebe-se quer a proposta de História Cruzada encaminhada por Zimmermann e Werner insurge-se contra aquelas práticas de história comparada que recaíram em operações estabilizadoras, meras superposições de objetos ou realidades isoladas unidas por um liame de análise que, ainda que os unindo no interior de uma interpretação historiográfica, conserva-os separados. Depreende-se das propostas de Zimmermann e Werner a intenção de que não se perca o objetivo de conceber dois ou mais objetos em interação e com uma atenção redobrada aos modos como eles se modificam um ao outro, no caso das realidades sincrônicas que apresentam uma relação efetiva não apenas na imaginação do historiador[65].

A demanda por uma especial atenção às interações, que se torna possível a partir do modelo das Histórias Cruzadas, e a concomitante crítica ao comparativismo tradicional como um modelo que costuma isolar os objetos em análise, também é encaminhada por Eliga H. Gould (2007)[66]. O historiador inglês – acompanhando um comentário de Jürgen Kocka (2003: 42) – ressalta que, "mais do que insistir na comparabilidade de seus objetos ou na equalidade de tratamentos entre eles", as histórias cruzadas estão preocupadas com as "influências mútuas", com as "percepções recíprocas ou assimétricas", com os processos entrelaçados que se "constituem um ao outro" (GOULD, 2007: 766). Indo para além da percepção inicial de que certos universos históricos – como o Império Espanhol ou o Império Britânico do início da Modernidade – praticamente impõem a necessidade da abordagem cruzada com vistas a favorecer a

---

65. A apreensão da *mudança* é uma instância fundamental do modelo de História Cruzada proposto por Zimmermann e Werner, que tendem a ver as experiências mais tradicionais de História Comparada como problemáticas em relação a suas potencialidades para apreender o que muda: "Mais do que um modelo analítico – que voltaria a fixar as coisas, justamente aqui, onde nós queremos, ao contrário, articular e colocar em movimento –, ela [a História Cruzada] oferece a possibilidade de organizar uma caixa de instrumentos que, reunindo os aportes metodológicos já testados da comparação e do estudo das transferências, permita apreender de modo mais satisfatório a complexidade de um mundo compósito e plural em movimento, e por aí mesmo a questão fundamental da mudança, ponto crítico ou mesmo cego da comparação e, em certa medida, das transferências" (ZIMMERMANN & WERNER, 2003: 97).

66. Eliga H. Gould é professor na Universidade de New Hampshire, e entre alguns dos seus principais temas de estudo estão a História Atlântica e a história da Revolução Americana. Entre suas principais obras destacam-se: *Entre os poderes da terra: a Revolução Americana e a constituição de um novo império mundial* (2012) e *Persistência do Império* (2000).

compreensão da sua multidiversificação interna, Gould sugere que "longe de constituírem diferentes entidades, tal como os estudos comparativos usualmente sugerem, os dois impérios [Espanhol e Britânico] foram partes do mesmo sistema ou comunidade hemisférica" (GOULD, 2007: 765). Deste modo, o cruzamento no interior de uma realidade sincrônica é explorado aqui em toda a sua máxima extensão[67]. De resto, as experiências de construção de histórias cruzadas do Atlântico seguem adiante, produzindo inclusive perspectivas divergentes, como é o caso da proposta de Jorge Canizares-Esguerra (2007: 787-799) – historiador que critica a proposta de Gould e de outros pesquisadores a ele ligados em um artigo que traz um sugestivo título: "Histórias Cruzadas: histórias de fronteiras em novas roupas?"[68]

Ao lado dos cruzamentos que se dão em sociedades contemporâneas, também podemos estender a possibilidade de aplicar a noção de cruzamento a realidades que interagem no tempo, mesmo distanciadamente, nos casos em que o passado interage com o futuro, ou, ao lado disso, nos casos em que o futuro ("futuro" em relação a esse "passado", bem-entendido) é examinado precisamente em sua prática ou capacidade de redimensionar ou ressignificar o passado ou as fontes que dali lhes chegam. A recepção de determinada produção cultural em

---

67. Em algumas passagens de seu artigo "Histórias cruzadas, mundos cruzados", Gould também admite a designação "histórias conectadas", ao lado de "histórias cruzadas", para o estudo das interações entre o Império Britânico e o Império Espanhol (2007: 766).

68. Jorge Canizares-Esguerra é historiador na Universidade do Texas, em Austin. Além de pesquisar a História do Atlântico, com uma relevante obra sobre História da Ciência no Império Ibérico (2006), um dos seus livros de maior destaque é *Como escrever a história do Novo Mundo? – Histórias, epistemologias e identidades no mundo atlântico setecentista* (2002).

períodos posteriores pode ser um bom exemplo desta possibilidade[69]. Ao mesmo tempo, pode-se estudar a influência de determinado passado histórico no imaginário e na vida política ou cultural de um período posterior. Na época da Revolução Francesa, por exemplo, os revolucionários evocavam "vozes" da Antiga Roma Imperial; de igual maneira, os espartaquistas – liga revolucionária alemã fundada em 1915 por Rosa Luxemburgo (1871-1919) e Karl Liebknecht (1871-1919) – trouxeram mais uma vez à vida a imagem de Spartacus (109-71 a.C.), grande líder de uma megarrebelião de escravos na Roma Antiga. Podemos nos perguntar se não seria interessante a realização de uma prática experimental de comparação ou de narrativas entrecruzadas que visassem repensar criativamente as relações entre dois momentos bem separados no tempo. De certo modo, Marx se entrega a essa fascinante experiência na passagem inicial do *18 brumário* (1852), na qual entretece uma leitura da Revolução de 1848 e da Revolução Francesa como se uma fosse o espelho (a inversão) da outra, inclusive no sentido de que a primeira inicia-se à esquerda e se encaminha para a direita, enquanto a segunda faz o percurso inverso. Nessa rápida comparação entre os dois processos, Marx evoca a criativa imagem de que a Revolução Francesa fora uma tragédia, e a Revolução de 1848 seria a sua farsa[70].

---

69. Zimmermann e Werner oferecem um exemplo: "um estudo da recepção da *Germânia* de Tácito na Europa entre os séculos XV e XX pode revelar fenômenos de cruzamentos históricos – a circulação dos argumentos e sua reinterpretação segundo diferentes contextos nacionais –, mas ela pode também enfatizar a necessidade de cruzar diferentes recepções nacionais para constituir uma problemática de pesquisa de dimensão europeia" (ZIMMERMANN & WERNER, 2003: 99).

70. O processo histórico de 1848 foi apelidado por Karl Marx como *O 18 brumário de Luís Bonaparte*. Este último era um sobrinho medíocre de Napoleão que, quase meio século depois, empenhar-se-ia em repetir o gesto de autocoroação do seu tio. Marx lê Luís Bonaparte como farsa de Napoleão Bonaparte. De igual modo,

A memória, como construção social, pode contribuir igualmente para transformar o próprio presente, e nesse sentido também podemos nos perguntar se não podem ser desenvolvidas interessantes narrativas cruzadas envolvendo momentos ou realidades históricas diferenciadas. Emiliano Zapata (1879-1919), de certa forma, nunca morreu: abre o século XX com a Revolução Mexicana de 1910, e de alguma maneira retorna ao final do mesmo século para liderar imaginariamente os neozapatistas[71]. Desta maneira, se o presente produz o passado (historiograficamente, ou através da memória), o passado também produz o presente, cotidianamente. O passado, através de uma memória que carrega e ressignifica as ações humanas que um dia foram perpetradas, pode revivificar novas ações no Presente.

Retornemos, entrementes, às considerações de Zimmermann e Werner sobre a História Cruzada e suas implicações:

> Cruzar é também entrecruzar, entrelaçar, ou seja, cruzar diversas vezes, segundo temporalidades eventualmente distanciadas. Este caráter pelo menos parcialmente processual é o terceiro aspecto constitutivo de uma problemática de cruzamentos. Ele nos

---

a Revolução Francesa havia começado sob o signo das reformas monárquicas; a partir daí, rapidamente se encaminhou à Primeira República. Inversamente, a Revolução de 1848 inicia-se como uma rebelião popular que, ao destronar o rei, produz a Segunda República em um primeiro momento. Todavia, daí se encaminha cada vez mais para a direita até culminar com a coroação de Luís Bonaparte em 1852, recriando uma nova realeza. Colocando-as lado a lado em sua análise, Marx evoca a ideia de que as duas revoluções se apresentam em uma relação inversa.

71. Conforme observa Aguirre Rojas (2007: 2), "os índios mexicanos [neozapatistas] insistiram constantemente que sua luta não era somente uma luta pelas suas reivindicações, mas também uma luta da memória contra o esquecimento, o que significa que era também uma tentativa de recuperar e de manter viva a memória de sua própria história, a memória de suas lutas e de suas reivindicações, do passado, do presente e do futuro, que eles, como indígenas, representam, e que a história oficial apagou e ignorou, sistematicamente durante séculos".

remete à análise das resistências, das inércias, das modificações – das trajetórias, de formas, de conteúdos –, ou de combinações que podem ora resultar do cruzamento, ora nele se desdobrar. Tais transformações, aliás, não se limitam necessariamente aos elementos postos em contato; elas podem ainda tocar seu entorno próximo ou distante e manifestar-se segundo temporalidades distintas (ZIMMERMANN & WERNER, 2003: 96).

Situar elementos diversos em cruzamento, como ressaltam os dois autores, pressupõe considerar a natureza interativa de sua relação, evitando-se a perspectiva de que um polo influencia linearmente o outro, ou simplesmente transfere algo de si ao outro. As instâncias da "reciprocidade" ("os dois elementos são afetados pela situação de relação") e da "assimetria" ("os elementos não são afetados da mesma forma"), são indicados por Zimmermann e Werner como chaves de leitura fundamentais para a História Cruzada (2003: 97).

Além disso, tal como já observamos para o caso das histórias interconectadas no capítulo anterior, podemos considerar que os "cruzamentos" (ou o gesto historiográfico de cruzar) podem se dar em vários âmbitos diferenciados. Podemos fazer cruzamentos no momento de investigar ou analisar as realidades em estudo; e podemos cruzar "os olhares e pontos de vista que se voltam para o objeto". Pode-se, por fim, conceber o cruzamento nos termos de "relações entre o observador e o objeto, desencadeando assim uma problemática da reflexividade" (ZIMMERMANN & WERNER, 2003: 97). Desta maneira, o cruzamento pode aparecer no próprio objeto de estudo (um tema que se presta essencialmente a isso ou um problema que é exatamente um cruzamento que teve lugar em um processo histórico)[72], como também pode aparecer ao nível das operações historiográficas mais propriamente relacionadas ao âmbito da pesquisa – seja no momento de delimitar o objeto de estudo, de investigá-lo, de problematizá-lo ou de analisá-lo. O cruzamento pode se configurar, ainda, nas operações narrativas e textuais que se destinam a expor os resultados da pesquisa sob a forma de um texto historiográfico específico que é oferecido ao leitor.

Em síntese, de um lado o historiador pode pesquisar cruzamentos[73]; de outro lado pode narrar ou elaborar o seu texto analítico lançando mão de um estilo cruzado (o autor-historiador

---

72. De todo modo, é importante acompanhar os comentários de Zimmermann e Werner: "O cruzamento nunca se apresenta como um "já dado ali" que bastaria identificar e registrar. Ele requer um observador ativo para construí-lo, e é num movimento de ida e volta entre o pesquisador e seu objeto que se desenham conjuntamente as dimensões empíricas e reflexivas da história cruzada. O cruzamento se dá assim como uma atividade cognitiva estruturante que, por diversas operações de enquadramento, constrói um espaço de compreensão" (2003: 97). De resto, a relação ativa entre o historiador e o seu objeto, segundo cremos, deve fazer parte da História em quaisquer das suas modalidades e combinações de modalidades.

73. Zimmermann e Werner (2003: 98) dão como exemplo de pesquisa acerca de um cruzamento, ou de um problema histórico que é o próprio cruzamento, o ensaio de Sebastian Conrad sobre "A Constituição da História Japonesa na confluência entre tradição local e importação de uma historiografia nacional europeia" (CONRAD, 2003). Neste caso, o historiador examina, além do próprio cruzamento, o momento anterior a este. O segundo exemplo apontado por Zimmermann e Werner é o estudo realizado por Kapil Raj sobre os "efeitos do cruzamento entre métodos hindus e ingleses na gênese de uma cartografia britânica no começo do século XIX" (RAJ, 2003), onde o historiador examina "o resultado de um vai e vem entre duas tradições distintas que se fecundaram" (ZIMMERMANN & WERNER, 2003: 98). Por fim, os autores mencionam o ensaio de Christine Labeau sobre os saberes administrativos do século XVIII, no qual demonstra como estes foram constituídos "de maneira cruzada pela circulação, através de toda a Europa, de monografias e documentos de várias proveniências, conservados nos papéis privados dos gestores das finanças públicas da época" (ZIMMERMANN & WERNER, 2003: 99).

pode alternar cruzadamente narrativas diversificadas, ou pode mesmo abrir espaço, em seu texto, para várias vozes que se entrecruzam, mostrando diversos pontos de vista e expressando-se consoante discursos distintos). São muitas as possibilidades, e poderíamos pensar, nesse sentido, em diversas submodalidades de "histórias cruzadas", considerando ainda que estas diversas submodalidades podem se combinar, sob a regência do historiador.

Zimmermann e Werner mencionam ainda uma interessante possibilidade: o "cruzamento de escalas". Como se sabe, a atenção para as diferentes escalas de observação ou de análise que podem ser utilizadas na operação historiográfica intensificou-se a partir das últimas décadas do século XX, e em algumas correntes historiográficas essa nova forma de consciência acerca do fazer historiográfico apresenta-se como "um problema de escolha do nível de análise pelo pesquisador" (ZIMMERMANN & WERNER, 2003: 102). A Micro-história, ao introduzir de forma pioneira a microescala no campo de possibilidades dos historiadores – no caso por uma bem definida oposição às "macroescalas" da historiografia tradicional – constituiu a abordagem mais impactante entre as novas modalidades historiográficas que rediscutiram o problema da "escala" na produção do conhecimento histórico[74].

---

74. Zimmermann e Werner mencionam, em seu artigo sobre a História Cruzada, três correntes importantes da historiografia mais recente que têm estruturado suas propostas em torno da questão da escolha do nível de análise: a micro-história italiana, a abordagem multiscópica francesa, e a *Alltagsgeschichte* alemã, Os autores procuram nuançar cada uma destas propostas e, em alguma medida, situar-se criticamente em relação a elas, mas sem deixar de assimilar suas contribuições: "[...] a micro-história escolhe o micro para mostrar em que ele pode enriquecer e fazer evoluir as categorias utilizadas tradicionalmente pela análise macro. Seus adeptos mais radicais chegam até a trazer o conjunto de fenômenos a uma escala micro pela convicção de que o micro engendraria o macro. Já as propostas de

Para utilizar uma metáfora conhecida, a Micro-história propõe-se a utilizar o "microscópio" ao invés do "telescópio" da historiografia tradicional (LEVI, 2003: 281). Ao olhar extensivo e abrangente desta última, que se alonga e se espraia na sua observação das realidades históricas examinadas, por vezes produzindo grandes generalizações e de resto buscando captar o grande conjunto, a Micro-história contrapõe o meticuloso olhar que busca captar elementos históricos essenciais, por vezes pouco percebidos, através do "microrrecorte" – o qual pode ser uma trajetória de vida, uma vizinhança, certa prática social, uma pequena aldeia. Para evocar outra metáfora (BARROS, 2004: 154-155), a Micro-história propõe-se a enxergar algo do oceano inteiro a partir de uma bem escolhida gota d'água. Não se trata, contudo, de estudar o micro pelo micro, ou de estabelecer um recorte local por interesse específico no local. A proposta da Micro-História é enxergar *através* do microrrecorte. Trata-se, conforme outra metáfora útil, de examinar a "enfermidade" *através* do micróbio, e não de investigar o micróbio por um interesse específico nos micro-organismos (LEVI, 2003: 281). A metáfora aplica-se à História: quando um historiador como Carlo Ginzburg resolveu seguir a tortuosa trajetória de Menocchio, um moleiro do século XVI que foi investigado e inquirido pela Inquisição, estava interessado não especificamente na vida de Menocchio, mas no que ela podia revelar em relação a certos problemas culturais que constituía o verdadeiro

---

abordagens multiscópicas desenvolvidas na França busca escapar a essa perspectiva dicotômica, concebendo os "jogos de escala" como uma mudança de foco para variar os pontos de vista sobre o passado. Por esse princípio, o local aparece como uma "modulação particular" do global e, ao mesmo tempo, como uma versão "diferente" das realidades macrossociais. Finalmente a *Alltagsgeschichte* fundamenta a escolha do micro e a crítica do macro numa antropologia das relações sociais" (ZIMMERMANN & WERNER, 2003: 101).

problema historiográfico de seu interesse. Através do processo inquisitorial que registra a meticulosa atividade dos inquisidores que investigam e interrogam Menocchio, Ginzburg (1976) consegue enxergar uma sociedade, um cotidiano, padrões culturais em circularidade.

Com vistas ao seu objetivo de surpreender grandes questões históricas através do microrrecorte – ou, mais propriamente, da escala de observação reduzida – os micro-historiadores costumam tomar para fontes aquelas que permitem uma análise densa, que revelam muitos dos detalhes que mais habitualmente passam despercebidos da perspectiva macro-historiográfica tradicional. Os "processos criminais" e os "processos de Inquisição", entre muitas outras possibilidades de fontes, são exemplos de conjuntos documentais que atraem frequentemente a atenção dos micro-historiadores em vista da sua extraordinária riqueza de detalhes, das diversas vozes sociais que são perceptíveis nesse tipo de fontes, do olhar em microperspectiva com que o próprio investigador criminal ou o jurista costumam constituir essa espécie de documentação em sua própria época. Retornando a estes textos que um dia foram montados com o objetivo de investigar ou julgar seres humanos, os historiadores os retomam tempos depois com o fito de perceberem processos sociais, culturais e políticos que se revelam através de surpreendentes detalhes e de descrições densas e meticulosas.

Ocorre que, se a Micro-história trabalha com o "olhar micro", e a macro-história tradicional utiliza a tradicional escala ampliada, uma das possíveis submodalidades de Histórias Cruzadas organiza-se precisamente em torno da possibilidade de "cruzar escalas". Ao invés de fixar a sua escala única – "micro" ou "macro" – a História Cruzada investe na instigante possibilidade de trabalhar essas duas escalas, ou outras, em um ir e vir que pode se aplicar tanto ao trabalho de pesquisa como à exposição textual que é ofertada ao leitor do trabalho final produzido pelo historiador. Busca-se bem mais do que simplesmente alternar as escalas, considerando que este último caso poderia se dar, mais propriamente, em um trabalho de natureza multiscópica que, em um capítulo, desenvolvesse uma análise macro-historiográfica, e, em outro, elaborasse uma análise micro-historiográfica. Com a história cruzada de escalas, para muito além disto, trata-se de pensar nas possibilidades mais inusitadas de entrelaçar escalas, contrapô-las, deixar que uma interaja sobre a outra – por vezes explorando mesmo as sutis tensões que se estabelecem entre a perspectiva que uma escala oferece e os aspectos que a outra escala permite ver ou ocultar. O "cruzamento de escalas" constitui, desse modo, uma operação a mais no repertório de possibilidades que se abre com a História Cruzada. Ademais, tal como pontuam Zimmermann e Werner em sua crítica às três modalidades mais recentes que consideraram o "jogo de escalas" (micro-história, abordagem multiscópica, e *alltagsgeschichte*), estas parecem situar o problema das escalas apenas no âmbito de uma escolha teórico-metodológica.

A proposta de Zimmermann e Werner, outrossim, é chamar atenção também para "o problema da articulação empírica e do acoplamento de diferentes escalas ao nível do próprio objeto". As escalas, dessa maneira, seriam "tanto um assunto de escolha intelectual, quanto induzidas pelas situações concretas de ação próprias aos objetos estudados". Certos objetos empíricos, dizem os autores, "relevam de muitas escalas ao mesmo tempo e escapam a abordagens de foco único" (ZIMMERMANN & WERNER, 2003: 102)[75]. Nestes casos, portanto, não se trata

---

75. Zimmermann traz como exemplo a sua própria pesquisa sobre a "constituição da categoria de desemprego na Alemanha entre 1890 e 1927", publicada em

apenas de uma escolha teórica ou metodológica, mas de uma demanda que diz respeito ao próprio objeto de estudo, e que deve ser explorada adequadamente pelo historiador que se aproxima de sua complexidade. Por vezes, o entremeado multiescalar é indissociável de certos problemas, como parece ser o caso de boa parte dos estudos transnacionais, tal como sinalizam Zimmermann e Werner ao chamarem atenção para a sua "inextricável imbricação":

> Em uma perspectiva de história cruzada, o transnacional não pode simplesmente ser considerado como um nível suplementar de análise que viria somar-se ao local, regional ou nacional, segundo uma lógica de mudança de foco. Ele é, pelo contrário, apreendido enquanto um nível que se constitui em interação com os precedentes e que engendra lógicas próprias, com efeitos retroativos sobre as outras lógicas de estruturação do espaço. Longe de se limitar a um efeito de redução macroscópica, o estudo do transnacional faz aparecer uma rede de inter-relações dinâmicas, cujos componentes são em parte definidos por meio dos vínculos que entretêm e das articulações que es-

---

2001: "Seus protagonistas [os desempregados e outros atores sociais envolvidos no problema do desemprego] agem simultânea ou sucessivamente em diferentes níveis: municipal, nacional, ou mesmo internacional, de tal modo que essas diferentes escalas aí se constituem em parte umas através das outras. As escalas não poderiam aqui ser reduzidas a um fator explicativo externo, pois são parte integrante da análise. Assim, de um ponto de vista espacial, elas remetem à pluralidade de cenas, de lógicas e de interações a que pertence o objeto de análise. De um ponto de vista temporal, elas colocam a questão das temporalidades do observador, do objeto e de suas interferências na confluência entre empina e metodologia. A atenção dada a seus acoplamentos e articulações permite dar conta de interações constitutivas de fenômenos complexos não redutíveis a modelos lineares" (ZIMMERMANN & WERNER, 2003: 102).

truturam suas posições (ZIMMERMANN & WERNER, 2003: 102).

O gesto historiográfico do "cruzamento" – ou a consciência de que esta operação deve fazer parte do fazer historiográfico – parece ter conquistado o seu lugar epistemológico, enfim, no repertório de operações disponíveis aos historiadores contemporâneos. Com relação ao texto de Zimmermann e Werner – que às vezes passa da rica e meticulosa exposição teórico-metodológica ao manifesto que opõe a sua prática historiográfica a outras – podemos dizer que a História Cruzada é de certo modo apresentada, pelos autores, como forma historiográfica mais desenvolvida ou mesmo evolutiva em relação à História Comparada e aos estudos de transferências[76]. Isso porque os autores parecem dar a entender que a História Cruzada teria vindo para resolver certos impasses e limitações expressas pelas duas outras modalidades, já que no texto são contrapostos os gestos historiográficos do "cruzamento" ou da "comparação", com nítida crítica em relação ao último em decorrência da fixidez que a comparação parece impor ao objeto, ou como resultado da sua pretensa incapacidade – é o que dizem os autores – de perceber e dar a perceber as mudanças (este seria precisamente o "ponto cego" da comparação, segundo Zimmermann)[77].

---

76. É significativo o título do livro de Werner e Zimmermann no qual os mesmos expõem de maneira mais completa o seu projeto historiográfico. *De la comparaison à l'histoire croisée*, publicado em 2004, logo após o artigo de 2003, deixa entrever essa perspectiva de que a História Cruzada seria uma modalidade que se aperfeiçoa em relação à História Comparada e aos estudos de transferências.

77. Em algum momento, parece ocorrer uma mistura de critérios na exposição de Zimmermann e Werner. A História Comparada e a História Cruzada, de fato, podem ser consideradas como designações que se referem aos procedimentos, no caso a "comparação" e o "cruzamento". Mas as "transferências" (ou os estudos de transferências) referem-se na verdade ao objeto de análise do historiador. Se é o historiador aquele que "compara", e que "cruza", não é ele quem "transfere".

De nossa parte, preferimos entrever como operações que não necessariamente se excluem os diversos gestos historiográficos surgidos a partir da emergência da família dos campos históricos que se baseiam nos "procedimentos relacionais", para retomar uma expressão de Zimmermann. Neste sentido, "comparar", "interconectar", "cruzar", "entrelaçar", analisar "transferências" com a devida atenção às "reciprocidades" e "assimetrias" – estas e muitas outras operações devem fazer parte do metier dos historiadores nos tempos contemporâneos[78]. Pensamos também que, se a história comparada pode ser compreendida em um sentido mais estrito, ela também pode ser evocada como uma instância mais ampla, na medida em que o gesto de comparar abre-se, de certo modo, a possibilidades diversas como o cruzamento e o entrelaçamento, ao lado da comparação mais tradicional. Neste sentido, como proporemos mais adiante, a História Comparada também poderia ser evocada como uma família mais ampla que inclui diversos gêneros historiográficos, tais como "história cruzada", "histórias entrelaçadas", "histórias interconectadas", "histórias transnacionais", "história global", além dos demais gêneros de história comparada que se afirmaram desde a primeira metade do século XX.

Podemos acrescentar, para concluir este capítulo, que a designação "histórias cruzadas" também se abre para a possibilidade

---

Ele "analisa transferências", na verdade. Dito de outra maneira, as transferências são o seu objeto nesta modalidade que tem sido situada sob o signo dos "estudos de transferências".

78. Essa também parece ser a perspectiva de Roumen Daskalov e Tchavdar Marinov ao organizar o livro *História Cruzada dos Bálcãs* (2013). Ainda que incorporando a designação "Entangled History of Balkans", os autores buscam tratar a história moderna dos Bálcãs a partir de uma perspectiva simultaneamente transnacional e relacional que combina de formas diversas as histórias compartilhadas, interconectadas, cruzadas, sem esquecer as perspectivas da transferência e de outros tipos de cruzamentos.

de se pensar em "historiografias cruzadas" – ou seja, de se investir no cruzamento de olhares historiográficos que quebrem a perspectiva do olhar eurocêntrico que por vezes contamina boa parte da historiografia tradicionalmente desenvolvida no Ocidente. Aqui, as histórias cruzadas dialogam com as possibilidades polifônicas de dar fluência a diversificados olhares historiográficos. Esse viés é particularmente importante quando pensamos na possibilidade de repensarmos leituras da história de outros continentes que não estejam orientadas pelo olhar europeu, ou que pelo menos incluam os outros olhares possíveis.

13
A História Comparada no Brasil: alguns exemplos

Uma experiência pioneira de História Comparada no Brasil – todavia uma obra "tão brilhante quanto isolada no panorama da produção latino-americana" (GRUZINSKI, 2001: 76) – foi empreendida por Sérgio Buarque de Holanda (1902-1982), que desenvolveu um fascinante estudo comparativo sobre as colonizações espanhola e portuguesa. Na verdade, a habilidade de iluminar uma sociedade e um processo colonizador pelo contraste com o outro já aparece desde 1936 no já clássico *Raízes do Brasil* (1936). Ali, ao trabalhar com dois tipos ideais – referentes à América Portuguesa e à América Espanhola – Sérgio Buarque já se propunha a compreender o homem cordial que emergia no ambiente colonial da América Portuguesa a partir do contraste e comparação com o outro hispânico que o cercava por todos os lados[79]. Em *Visões do Paraíso* (1969), Sérgio Buar-

---

[79]. Metodologicamente, Sérgio Buarque de Holanda inspirou-se nos "tipos ideais" de Max Weber. Ao mesmo tempo, contrasta o tipo ideal que culmina com a figura do "homem cordial" brasileiro com o tipo ideal espanhol, no mesmo período. Fiel à metodologia weberiana, ele reconhece que, em estado puro, esses tipos não tem real existência, e que, todavia, eles "ajudam-nos a melhor ordenar nosso conhecimento dos homens e dos conjuntos sociais" (HOLANDA, 1998: 45). Com relação ao método comparativo, ele se dá no decurso de toda a obra, e já no capítulo I – "Fronteiras da Europa" – Holanda aproxima os projetos de colonização portuguesa e espanhola por oposição a outros projetos europeus, antes de contrastá-los entre

que de Holanda retoma, ainda mais explicitamente, este projeto de compreender o colonizador português através do contraste com o colonizador espanhol, dando a perceber mais uma vez as semelhanças e diferenças que podem ser estabelecidas a partir da comparação entre a América Portuguesa e a América Espanhola.

À parte estas contribuições pioneiras que saíram da lavra de Sérgio Buarque de Holanda, pode-se dizer que no Brasil tem-se experimentado ainda modestamente a perspectiva da História Comparada. De todo modo, já existem núcleos que desenvolvem a História Comparada como um programa, o que possibilita, inclusive, a possibilidade de trabalhar a História Comparada como uma instância coletiva, conforme a proposta de constituir equipes de história comparada que mencionaremos no penúltimo item deste livro. Apenas para citar um dos centros mais relevantes que se abrem para a perspectiva da História Comparada no Brasil, podemos mencionar o Programa de Pós-Graduação em História Comparada da Universidade Federal do Rio de Janeiro (UFRJ).

Por outro lado, fora do circuito mais singular de programas de pós-graduação e pesquisa que se erigiram em torno da História Comparada, historiadores específicos também têm percorrido as possibilidades da História Comparada. Um trabalho recente é a obra conjunta de Boris Fausto e Fernando Devoto

---

si. A partir daí, a comparação e contraste entre os dois tipos atravessa o livro como um todo. O capítulo "O semeador e o ladrilhador" é um exemplo típico da comparação entre os dois tipos ideais, abordando cada um desses dois modos específicos de tratar o urbanismo: meticuloso e planejado, no caso do espanhol "ladrilhador"; espontâneo e criador de cidades irregulares, no caso do português "semeador" – este último sempre marcado pelo seu espírito aventureiro (1998: 95). É da contribuição portuguesa, em interação com os outros elementos formadores do brasileiro, que emergirá o "homem cordial" – pessoal e afetivo nas suas relações com os outros, com a sociedade e com o seu ambiente.

intitulada *Brasil e Argentina: um ensaio de história comparada 1850-2002*[80]. A abordagem de História Comparada adquire aqui um interesse adicional por ter sido realizada conjuntamente por dois historiadores, um brasileiro e um argentino.

Brasil e Argentina da Idade Contemporânea, tal como a França e a Inglaterra medievais que foram analisadas por Marc Bloch em *Os reis taumaturgos*, são sociedades perfeitamente comparáveis. A proximidade do Brasil e da Argentina no espaço e no tempo, e a ocorrência de estruturas estatais análogas, asseguram este mínimo de similaridade preconizado por Bloch em seu artigo de 1928. Por outro lado, as diferenças, igualmente fundamentais, expressam-se sobretudo através de um mútuo isolamento entre os dois países, que apresentam marcas diferenciais muito definidas nos seus processos históricos, como uma Política e Economia mais ligadas ao exterior do que à inter-relação mútua entre as duas nações latino-americanas, a procedência de distintas metrópoles coloniais, a presença de elites nacionais que historicamente sempre se perceberam como diferentes, a pouca integração das vias de comunicação e a diferença de idiomas. Contiguidade espaçotemporal e uma base de semelhanças e diferenças são os requisitos iniciais a partir dos quais se estabelece a comparabilidade entre as duas realidades histórico-sociais. O duplo recorte "Brasil/Argentina", aliás, tem recebido investimento de outras análises de história comparada, por vezes voltadas para problemáticas específicas como a comparação entre getulhismo e peronismo, a análise dos processos relacionados à instalação das ditaduras de direita na segunda metade do século XX, ou ainda os processos desenvolvimentistas nos dois países.

---

80. FAUSTO, B. & DEVOTO, F. *Brasil e Argentina*: um ensaio de história comparada (1850-2002). Rio de Janeiro: Ed. 34, 2004.

O outro exemplo que evocaremos refere-se aos estudos de Célia Maria Marinho Azevedo sobre a história da escravidão e da abolição através da comparação do abolicionismo nos Estados Unidos e no Brasil ao longo do século XIX (AZEVEDO, 2003). Neste caso, a autora permite-se desvendar para cada recorte focalizado não apenas as ideologias, com seus imaginários específicos (uma diferença), como também influências recíprocas entre os abolicionistas pertencentes a cada um dos dois países, entre os quais por sua vez repercutiam diálogos com abolicionistas europeus (uma inter-relação). O mito do paraíso racial brasileiro adquire, com esta comparação, uma iluminação específica. De igual maneira, a autora introduz novos elementos de comparação ao examinar os diferentes significados e recepções que a Revolução do Haiti, a Guerra Civil Americana e a África suscitaram entre os abolicionistas de cada país, engendrando reflexões bem distintas sobre o destino do ex-escravo e o problema do racismo em cada país.

Outros exemplos certamente poderiam ser acrescentados aos dois acima comentados, uma vez que os estudos de História Comparada já encontram uma produção significativa no Brasil, inclusive constituindo áreas de concentração ou linhas de pesquisa em importantes programas de pós-graduação. Apenas como mais um exemplo, recomendamos a proposta de Francisco Carlos Teixeira consolidada em "Por uma história comparada das ditaduras" – um ensaio temático cujo título já é por si autoexplicativo no que se refere às suas motivações e inserção no campo de estudos comparados (SILVA, 2010: 21-80).

As possibilidades de "cruzamentos" também têm sensibilizado autores brasileiros. Um exemplo significativo de "cruzamento de escalas" – ou ao menos de "comparação entre escalas" – o qual alcançou um bom resultado no ir e vir entre o "macro" e o "micro" através da realidade brasileira colonial, foi trazido com o livro *O inferno atlântico*, de Laura de Mello e Souza (1993)[81]. A historiadora paulista examina neste instigante livro a prática da feitiçaria como modo de chegar às trocas culturais e à circularidade presente na América Portuguesa entre os séculos XVI e XVII. Seu interesse central é, de fato, examinar as transformações que europeus e nativos americanos sofreram no âmbito religioso, a partir do choque produzido por suas culturas tão diferenciadas uma da outra, e aparentemente tão contraditórias entre si. O cotidiano, examinado a partir de uma escala de observação reduzida e atenta aos detalhes, é o caminho através do qual se procura perceber e dar a perceber a mistura de crenças e práticas que a princípio poderiam se apresentar como contraditórias. Entrementes, ao lado deste mergulho na vida cotidiana colonial, a autora não se limita obviamente ao olhar micro-historiográfico (designação que, de resto, ela não associa ao seu próprio trabalho), empenhando-se em alterná-lo com o olhar macro-historiográfico mais tradicional. O resultado final é uma obra que, de certa maneira, consegue conectar com eficácia a Micro-história, a História Cultural e a Etno-história; e que, de um modo ou outro, dialoga também com a História das Mentalidades (ou mais propriamente com a História do Imaginário)[82]. Ainda poderíamos pensar neste trabalho como uma experiência

---

81. Em *O inferno atlântico*, de Laura de Mello e Souza, a intenção de empreender esta comparação entre o macro e o micro é expressa pela denominação que a autora atribui a cada uma das partes do seu livro, respectivamente "Macrodemonologia" e "Microdemonologia".

82. Na verdade, em um dos capítulos de outra obra que se ocupa do imaginário, a autora já havia investido no olhar micro-historiográfico. Em *Deus e diabo na terra de Santa Cruz* (1986), estuda-se precisamente algumas "histórias extraordinárias" que nada mais são do que trajetórias individuais escolhidas para este tratamento micro-historiográfico.

de utilização da perspectiva multiscópica, embora mais rigorosamente falando tenhamos muito mais uma "comparação de escalas", já que a autora divide funcionalmente o seu estudo em duas partes nas quais se aplicam as escalas macro e micro. De todo modo, o cruzamento de escalas, ou ao menos a interconexão comparativa de escalas, aparece aqui como constitutivo de uma obra na qual se percebe que o próprio objeto de estudos demanda a análise bifocal, de modo a evitar o risco de deixar escapar a sua complexidade.

14
Delineamentos para estabelecer a História Comparada em sua especificidade

Será oportuno aproveitar os exemplos até aqui arrolados para estabelecer um delineamento aceitável acerca do que poderá ser legitimamente localizado sob a rubrica de uma "História Comparada" – tanto por oposição ao simples "comparativismo histórico", como também por oposição às sínteses globais de história que examinam as várias realidades nacionais como blocos em superposição. Com relação a este último aspecto, convém acompanhar a ponderação de Heinz-Gerhard Haupt (1998: 110-111), que nos alerta para o fato de que não constituem História Comparada as grandes sínteses internacionais que têm por temática algo como a *História econômica e social do mundo*, ou mesmo a história das relações entre países[83]. De igual maneira, uma História das Civilizações que simplesmente forneça um grande panorama descritivo de diversas civilizações históricas não estará sendo produzida sob o signo da História Comparada, a não ser que haja uma interação entre as obser-

---

83. O exemplo dado por Haupt é a *Histoire économique et sociale du monde*, de Pierre León (1978-1982). Poderíamos citar ainda outros exemplos, como a *História econômica mundial*, de Fréderic Mauro (1973).

vações que se acham relacionadas aos vários focos de análise. A busca de analogias e diferenças, neste caso, será obviamente imprescindível para que não se tenha um mero quebra-cabeças civilizacional. A História Comparada, enfim, não se pode reduzir a mera coletânea de histórias nacionais. Ela faz-se de interações, de iluminações recíprocas, e não de meras superposições.

De fato, acrescentaremos aqui, um bom trabalho de "História Comparada" mostra-se frequentemente atravessado por um problema: este pode corresponder desde a representação taumatúrgica em duas realezas nacionais distintas, tal como propôs Marc Bloch com *Os reis taumaturgos*, como à transformação histórica do fenômeno urbano, tal como propôs Max Weber com sua obra sobre *A cidade*. Não se trata, obviamente, de superpor realidades nacionais ou regionais distintas para montar um quebra-cabeças a partir de manobras de superposição, ou de simplesmente historiar uma relação entre dois países. A História Comparada consiste, grosso modo, na possibilidade de se examinar sistematicamente como um mesmo problema atravessa duas ou mais realidades histórico-sociais distintas, duas estruturas situadas no espaço e no tempo, dois repertórios de representações, duas práticas sociais, duas histórias de vida, duas mentalidades, e assim por diante. Faz-se por mútua iluminação de dois focos distintos de luz, e não por mera superposição de peças.

Da mesma forma que a História Comparada apresenta como traço fundamental a análise interativa entre dois (ou mais) recortes, já não precisaremos mais insistir no fato de que a ampla utilização do método comparativo emerge aqui como um segundo traço fundamental e distintivo. Contudo, já fizemos notar que se o "método comparativo" é necessário ou mesmo imprescindível à "História Comparada", não será certamente "suficiente" para defini-la em toda a sua integridade, uma vez que este mesmo método comparativo também pode ser empregado por outras modalidades historiográficas, inclusive nos trabalhos monocentrados que utilizam a comparação apenas para melhor delinear um objeto único de análise. Por fim, é preciso lembrar que o comparativismo, mesmo que envolvendo recortes historiográficos distintos, pode corresponder apenas a um momento de uma determinada análise historiográfica – àquele capítulo inicial ou terminal de uma tese problematizada em que o autor aproveita para situar o seu objeto diante de outros análogos ou contrastantes, por exemplo – e isto sem que necessariamente o trabalho como um todo possa ser adequadamente inserido dentro da rubrica da História Comparada, já que nesta o comparativismo deve corresponder a uma marca indelével que atravessa a obra como um todo.

Com relação aos riscos e armadilhas a evitar no âmbito da História Comparada, estes são certamente diversos. Para realidades histórico-sociais afastadas no tempo há a célebre questão do "anacronismo" – isto é, o transporte de um elemento típico de uma sociedade historicamente localizada para uma outra em que o elemento não se enquadre. Outro risco frequente está na "leitura forçada", isto é, na insistência em ajustar todas as realidades examinadas a um determinado modelo que já se encontrava definido previamente, ou então na eleição indevida de um caso como paradigma para avaliar por aproximação ou afastamento em relação a ele todos os demais.

Por vezes, ronda ainda a História Comparada aquilo que poderemos chamar de "ilusão sincrônica". A ideia de que todas as sociedades são comparáveis quando se encontram em estágios similares de desenvolvimento, uma tentação à qual nem todos resistem, deve ser confrontada com a simples consciência de que determinada sociedade pode estar em situação análoga a outra, mas estar vindo de uma situação completamente distinta (ou seja, possuir uma história anterior bem diferente) e indo para situações também diferenciadas no futuro. Enfim, a "ilusão sincrônica", cedendo à tentação de comparar sociedades como se fossem unidades estáticas imobilizadas no tempo, esquece-se de considerar que na verdade cada sociedade tem seu dinamismo próprio, inerente a um processo de transformações que se estabelece em uma diacronia (no decurso de uma temporalidade). A comparação de dois pontos – meramente motivada pela similitude momentânea – pode levar o historiador a comparar inadequadamente processos incomparáveis.

Em seguida, de modo a estabelecer um delineamento para caracterização desta modalidade historiográfica, sintetizaremos em um esquema os aspectos essenciais que constituem a História Comparada como campo histórico específico.

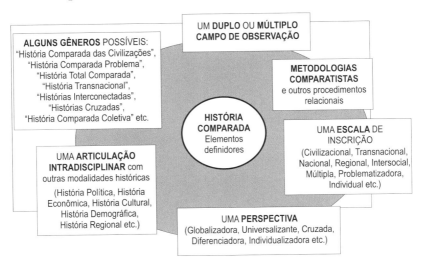

Um "Duplo ou múltiplo campo de observação" – ou um âmbito multifocal de análise, por assim dizer – eis aqui a condição primeira, conforme pudemos examinar desde o princípio deste ensaio, para que se possa falar legitimamente de uma modalidade definível como "História Comparada" e não apenas de uma prática historiográfica que utiliza "metodologias comparativas". Estas, naturalmente, também são características da modalidade, embora não suficientes para defini-las, e, via de regra, baseiam-se na percepção de diferenças e semelhanças, na produção de analogias, na identificação de traços de singularidade, na elaboração de tipologias, na construção de modelos de aproximação, na sujeição dos casos em estudo a uma avaliação de comportamento diante de variáveis fixas, e assim por diante.

No mesmo âmbito das metodologias comparatistas, devemos situar outros procedimentos relacionais que vieram se agregar à família das histórias comparadas nos últimos tempos. Desta maneira, ao lado da "comparação" propriamente dita, as produções historiográficas recentes consolidaram outros procedimentos, tais como o "cruzamento", o "entrelaçamento", a "interconexão", e assim por diante. É oportuno lembrar que esses diversos procedimentos relacionais também podem se combinar de maneiras diversas, e que, além disso, eles se podem dar nas diversas instâncias que estão envolvidas na operação historiográfica (problematização, pesquisa, análise, exposição de resultados, construção de narrativas etc.). Desse modo, se lembrarmos o procedimento do "cruzamento", podemos entender várias possibilidades: examinar cruzamentos que se evidenciam na própria história efetiva (na realidade examinada), produzir cruzamento através de uma problematização, criar modos de exposição cruzados (como por exemplo a elaboração de narrativas cruzadas). O mesmo raciocínio poderia ser aplicado aos procedimentos da interconexão, do entrelaçamento, ou da comparação de modo geral.

Vimos ainda que os trabalhos de História Comparada submetem-se habitualmente a uma certa *escala* de inscrição. No contexto de formação deste campo intradisciplinar da História, esta escala era sempre de maior amplitude: ou ao nível das nações – mais frequente – ou ao nível das civilizações, tal como propuseram Spengler e Toynbee. Contudo, gradualmente a História Comparada foi assimilando novos objetos e inscrevendo-se em outras possibilidades de escalas. A "região", que muitos vinham tratando de forma isolada ou quando muito relacionada à sua inserção em um contexto nacional mais amplo, passou a certa altura a admitir um trabalho comparativo que confrontava várias regiões distintas – inseridas em um mesmo contexto nacional ou não. Ambientes ainda menores – vizinhanças, grupos sociais ou étnicos, unidades de trabalho – ou realidades difusas que não se concretizavam necessariamente em espacialidades definidas, como as práticas culturais por exemplo, também se abriram como possibilidades para os estudos de História Comparada. As realidades literárias, virtuais ou imaginárias, as mentalidades e os circuitos de representações, também a estes focos se adaptaram as escalas possíveis de serem utilizadas na História Comparada. As vidas humanas individuais, confrontadas em análises paralelas, reeditaram a antiquíssima proposta de Plutarco. E, por fim, a própria escolha de um problema histórico muito específico a ser examinado nos permitira falar em uma "escala problematizadora", que já não é definida por espacialidades reais ou imaginárias, nem pela unidade de uma vida ou grupo social, e sim pela força e complexidade de uma problematização específica. Diante de todas estas novas escalas, embora a História Comparada não tenha conquistado ainda uma grande quantidade de realizações em relação a outras modalidades da História, pode-se dizer que certamente ela se diversificou consideravelmente nas últimas décadas. É preciso mencionar, por fim, as combinações ou cruzamentos de escalas, campo de possibilidades que já discutimos anteriormente.

Uma "perspectiva", já o vimos, tem a ver com os objetivos ou as intenções do historiador: generalizar a partir dos casos que examina; inseri-los todos em um sistema globalizador que lhes dê sentido; ou, ao contrário, buscar com o trabalho comparativo a "individualização" e a "diferenciação", onde cada caso examinado conquista a sua singularidade através da construção do historiador. Estas e outras mais perspectivas, relacionadas simultaneamente com modos de trabalho e concepções da realidade histórica, surgem no repertório de possibilidades da História Comparada.

Relacionados por vezes a visões de mundo ou a concepções historiográficas específicas – como a "História Comparada das Civilizações", a "História Total Comparada", a "História Comparada problematizadora" – também os gêneros de História Comparada foram surgindo, criando ou reeditando domínios históricos como a Biografia Comparada, a Historiografia Comparada, a Crítica Comparada da literatura histórica. Todos ou alguns destes subgêneros, enfim, conforme o que se tenha em vista seja um estudo da cultura, do poder, da população, da economia, terminaram por se inscrever em conexões diversificadas da História Comparada com outras modalidades historiográficas – uma articulação intradisciplinar que não permite que este ou aquele trabalho historiográfico se situe senão em um campo de forças no qual a História Comparada deposita a sua energia e a sua especificidade.

Embora muitos autores possam não concordar com esta proposta, algumas das novas modalidades historiográficas que também surgiram na historiografia recente também podem perfeitamente se inserir na família mais ampla das histórias comparadas. História Global, Histórias Transnacionais, Histórias Entrelaçadas, Histórias Compartilhadas, Histórias Cruzadas – campos aos quais já nos referimos nos capítulos anteriores – podem ser pensados sem grande dificuldade como gêneros mais específicos no interior da História Comparada, agora tomada no sentido mais abrangente que pode ter essa designação, e não no sentido estrito que se refere aos procedimentos comparatistas mais tradicionais. Pensar desta maneira pode ser particularmente útil às linhas de pesquisa dos laboratórios de pesquisa historiográfica, com vistas a unir em um feixe maior uma série de modalidades que – ainda que apresentem os seus procedimentos próprios e as suas divergências – em última instância guardam em comum um olhar mais relativista, uma motivação voltada para a superação das fronteiras mais tradicionais da historiografia, uma audácia criativa na constituição dos seus recortes, e um olhar sempre atento às diversidades.

15
A História Comparada e sua instância coletiva

Abordaremos, neste último item, um último modelo de História Comparada. Para compreendê-lo é importante lembrar que, à parte a delimitação da História Comparada como modalidade historiográfica que pode ser praticada por um historiador no seu trabalho solitário de reflexão e pesquisa, podemos pensar também a possibilidade de estender o comparativismo histórico aos níveis do trabalho coletivo. O mais importante representante desta vertente, na historiografia de matriz francesa, foi possivelmente Marcel Detienne (n. 1935) – antropólogo, filósofo e historiador belga que fundou com Pierre Vernant (1914-2007) o Centre de Recherches Comparées sur les Sociétés Anciennes (CRCSA)[84]. O marco teórico deste importante centro de pesquisas francês é o livro *Comparer l'incomparable*, de Marcel Detienne (2000). O próprio título atribuído por Detienne a esta obra na qual se busca fixar as diretrizes do grupo, em que possa parecer o contrário, é um convite aos

---

84. A formação de Marcel Detienne (n. 1935) assegura uma importante nota de interdisciplinaridade ao seu acorde teórico. Antes de dedicar-se ao estudo de história comparada, doutorou-se em Ciências Religiosas pela École des Hautes Études (1960) e em Filosofia pela Universidade de Liège (1965). A abordagem antropológica, ao lado disto, é a nota de topo que ilumina toda a sua ampla produção dedicada aos estudos da mitologia na Grécia Antiga, sendo possível se perceber a influência do estruturalismo na linha de Claude Lévi-Strauss.

historiadores para que enfrentem o desafio de compreenderem que tudo se pode colocar literalmente em comparação[85]. As sociedades humanas são formadas, cada uma delas e nas suas relações recíprocas, por uma rede complexa que se abre a um número infinito de elementos, de modo que o estudioso de ciências humanas pode iluminar combinações as mais diversas em sua análise. Vista desta maneira, a História, conforme postula Detienne, e tal como também postulara antes dele Paul Veyne, implica necessariamente comparação. A comparação, na verdade, seria mesmo indispensável para produzir espaços de inteligibilidade, para iluminar o que de outra forma poderia passar despercebido[86].

Uma das maiores contribuições de Marcel Detienne para a constituição da História Comparada como campo disciplinar – na verdade, como campo *multidisciplinar* – tem sido o renovado gesto de confrontar, de maneira criativa e decisiva, alguns dos tradicionais entraves com os quais se tem defrontado a História Comparada nas suas versões mais tradicionais. Sua estratégia para chamar atenção para a necessidade urgente de favorecer uma inflexão renovadora do comparativismo histórico parte de uma afronta dirigida contra o célebre alerta de Marc Bloch, que ressaltava que "não se pode comparar o incomparável". Ao inverter essa fórmula, e elevá-la praticamente ao estatuto de um manifesto, Detienne busca desfazer pontos de tensão e rigidez que ainda parecem limitar, ou mesmo interditar, os movimentos

---

85. Conforme destacam Neide Theml e Regina Bustamante, o título proposto por Detienne para o seu livro refere-se, invertendo-o e o contradizendo, ao dito popular *"on ne peut comparer que ce qui est comparable"* (THEML & BUSTAMANTE, 2007: 10).

86. Um bom exemplo de aplicação da perspectiva comparatista de Marcel Detienne no campo da antropologia histórica pode ser encontrado em sua obra *Os gregos e nós: uma antropologia comparada da Grécia Antiga* (2008).

historiográficos mais audaciosos no seio da História Comparada[87]. Para dar a perceber os entraves que ainda interferem no desenvolvimento da História Comparada em novas direções, Detienne recomenda uma reintensificação do olhar interdisciplinar, de modo a que se possa aprender algo com disciplinas como a Antropologia e a Linguística, saberes que lidam muito mais naturalmente com a prática do comparativismo:

> Quando um estudioso se dedica à anatomia comparada, ele não começa por fazer um julgamento de valor sobre os diversos órgãos que pretende considerar em todas as espécies animais. Um linguista que trabalha em uma gramática comparada, seja esta a das línguas do Cáucaso ou a do mundo indo-europeu, em seu empenho para estabelecer traços específicos recorre tanto à morfologia como à fonética, bem como ao vocabulário. Ele faria um papel ligeiramente ridículo se insistisse em proclamar que "só se pode comparar o comparável". Um historiador vale-se deste dito sem o menor constrangimento. Além do mais, desde a década de 20 do século XX, historiadores dos mais reputados regozijam-se em retomar a fórmula, ainda que ela interdite a comparação para além do estreito círculo do imediatamente "comparável", um

---

87. Marc Bloch, de fato, em que pese a sua importante abertura para a História Comparada como caminho para confrontar uma historiografia nacionalista que havia conduzido aos horrores das duas grandes guerras, ainda se mostra particularmente preocupado em se ater às "diferenças e semelhanças que são apresentadas por duas séries de natureza análoga" (BLOCH, 1930: 31). Uma realização perfeitamente inserida nesta perspectiva, conforme já discutimos anteriormente, pode ser encontrada na obra *Os reis taumaturgos* (BLOCH, 1924) – um livro que examina duas séries perfeitamente análogas em relação ao problema do imaginário taumatúrgico nas dinastias Capetíngia e Plantageneta, respectivamente na França e Inglaterra da mesma época. No prefácio à edição brasileira de *Os reis taumaturgos* (BLOCH, 1993), Jacques Le Goff chega a criticar a timidez das propostas comparatistas de Marc Bloch (1993: 33).

horizonte restrito à opinião dominante em um meio e em um saber que pretende assegurar de antemão o que é incomparável. Nenhum antropólogo recorre a um provérbio como este. A forma lhe pareceria incongruente até mesmo na boca do mais encarniçado defensor do seu "terreno" ou de sua concessão (DETIENNE, 2000: 9).

No caso da proposta de Marcel Detienne, a possibilidade de utilizar mais sistematicamente a comparação com vistas a criar espaços de inteligibilidade transcende a esfera individual de trabalho do historiador e dirige-se para a constituição de equipes. "O exercício do comparativismo exige trabalhar junto", além de convidar a "construir comparáveis que jamais são imediatamente dados" (DETIENNE, 2000: 11). Percebe-se, desta maneira, que a proposta comparatista de Detienne ampara-se simultaneamente no "trabalho conjunto" e na "ousadia de definir novos espaços de comparação"[88]. Ao mesmo tempo, a tendência à "abertura interdisciplinar" e a confluência de estudos relacionados a "diversas temporalidades e espacialidades" introduz-se aqui como uma terceira e uma quarta notas da tétrade que caracteriza a perspectiva comparatista de Marcel Detienne. Não é por acaso que encontraremos sob a sua coordenação, em diversos trabalhos, a confluência de etnólogos, historiadores e filósofos voltados para o estudo paralelo e confluente de diversas temporalidades e espacialidades, tais como o helenismo, as

---

88. Ao examinar as origens dos entraves que ainda interferem na realização do comparativismo histórico mais criativo, Detienne é especialmente crítico em relação à eleição da baliza das nacionalidades (especialmente europeias) como definidoras das escolhas temáticas dos historiadores europeus desde a historiografia do século XIX. A comparação, nesta perspectiva, seria um convite ao descentramento de uma historiografia que tem se estabelecido em torno das nacionalidades. Mesmo Marc Bloch, é o que acentua Detienne, não teria escapado a isto.

culturas africanas, o orientalismo e as sociedades americanas. O que os une, por outro lado, é um problema em comum, objeto de uma escolha inicial e de uma decisão de trabalhar juntos. O "problema unificador" – quinto elemento da perspectiva comparativista proposta por Detienne – é precisamente o que permite atravessar, como um bem-escolhido raio de luz, as diversidades interdisciplinares, temporais e espaciais, com vistas a situá-las desde o princípio em diálogo e em relação de congruência. O problema, aliado a um "espírito de experimentalismo" que deve ser considerado o sexto aspecto importante na proposta de Detienne, mostra-se aqui um poderoso liame de unificação para toda uma diversidade de estudos[89].

A equipe de história comparada, de fato, deve estar amparada em projetos comuns que sejam atravessados por um "problema", e que suscitem um espaço de debates no qual, independentemente das temporalidades e espacialidades envolvidas, motive o interesse recíproco dos diversos componentes da equipe pelo trabalho dos outros, conformando o que Detienne chamou de "campo de exercício da experimentação comparada". Desta maneira, a proposta de História Comparada como trabalho coletivo permite a ultrapassagem das fronteiras e isolamentos provocados pelo hiperespecialismo. Os canteiros da história, em que pese que possam seguir sendo cultivados pelos historiadores, passam a se imbricar em um jardim mais amplo ordenado e organizado por problemas, questões e preocupações em comum, por um debate no qual todos passam a se sentir interessados

---

89. Exemplo marcante desta perspectiva aplicada a um problema de estudos pode ser encontrado em *Tracées de fondation* (DETIENNE, 1990). Tratou-se de agregar, sob a motivação de uma problemática comum – a ideia de "fundação" –, uma série de pesquisadores com características diversas: helenistas, africanistas, americanistas e japonistas, sendo que todos eles estavam também partilhados entre a História e a Etnologia como campo de formação.

e responsáveis pelo trabalho de todos, por metodologias que são disponibilizadas a cada um dos membros através do diálogo suscitado pela dinâmica da equipe.

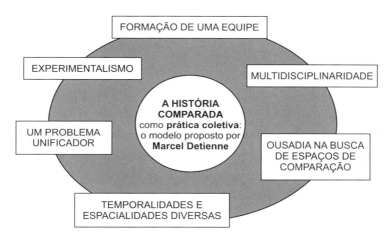

Sobre o problema unificador, é importante considerar ainda que ele deve ser visto como um ponto de partida, ou como uma instância de orientação para cada pesquisa individual e para o trabalho coletivo. Ao final do processo (ou mesmo no seu decorrer), nada impede a redefinição do problema proposto. Pode se dar mesmo que o problema se revele um falso problema, ou que ele clame por ser redefinido em novos termos. Marcel Detienne, em *Comparar o incomparável* (2000), dá-nos o exemplo do feixe coletivo de pesquisas por ele coordenado em torno das ideias de "fundação/fundador" (cf. nota 75). Tratava-se de estabelecer um núcleo de pesquisadores diversos, entre etnólogos e historiadores, que se dispusessem a investigar âmbitos histórico-espaciais diversificados, tais como as antigas sociedades helênicas, africanas, americanas e japonesas. O "problema unificador" relacionava-se à temática da *fundação*, ou do que ele denominou de "gestos da fundação".

Ao comentar a conexão de resultados obtidos, Detienne ressalta que, a certa altura da pesquisa coletiva e de suas discussões no grupo, os japonistas partilharam finalmente a constatação de que, no Japão antigo, ao menos no âmbito dos textos examinados, não havia "fundação" nem "fundador". Detienne discorre sobre o impacto desta descoberta no grupo nos termos de um "choque do incomparável": "Graças à provocação do incomparável, uma categoria familiar como "fundar" estava prestes a se abalar, rachar-se, desagregar-se". O problema, enfim, clamava por uma redefinição, por uma reconfiguração conceitual nas categorias de análise que pareciam ser mais consensuais. Se não fosse a presença dos japonistas – estudiosos de sociedades distanciadas o suficiente para motivar a emergência do "choque do incomparável" (ou da "violência heurística do incomparável") – as categorias relacionadas aos gestos de fundação não seriam questionadas como se fossem elas mesmas o problema a ser examinado. A ousadia na configuração coletiva de recortes de análise – unindo helenistas, americanistas, japonistas e africanistas – permitira precisamente uma iluminação especial sobre o que antes teria passado desapercebido[90]. Mergulhados em uma certa tradição de pensamento e de atitudes historiográficas, e envolvidos com uma temática recorrente voltada para objetos de estudos que guardam entre si uma certa familiaridade, somos frequentemente levados a deixar de enxergar certas coisas que aparecem para nós como se estivessem naturalizadas. A iluminação recíproca produzida por recortes que guardem certa estranheza entre si pode se apresentar como um poderoso instrumento para iluminar o que antes estava in-

---

90. Para uma crítica às pesquisas comparadas de Detienne, e também a outras perspectivas de análise comparada, cf. o artigo "Choc des civilisations ou choc des disciplines?", de Anheim e Grevin (2002: 122-146).

visível, oculto nas sombras da familiaridade. Uma história comparada que se arrisque a ultrapassar os limites das comparações previsíveis, enfim, pode abrir aos historiadores oportunidades inestimáveis para enxergar as coisas de uma nova maneira.

Vale lembrar, aliás, as reflexões de Jürgen Kocka sobre os quatro propósitos – heurístico, analítico, descritivo e paradigmático – que se integram à constituição da História Comparada. O primeiro deles – o propósito heurístico – ampara-se na constatação de que a abordagem comparativa permite trazer à luz problemas e aspectos que, de outra forma, passariam despercebidos ou seriam negligenciados. Neste ponto, as perspectivas de Detienne e Kocka confluem: situar comparativamente dois recortes historiográficos permite que um ilumine o outro. Mais ainda, se considerarmos a experiência desenvolvida por Detienne, mesmo o estranhamento que se produz entre dois recortes aparentemente distanciados ou dissonantes pode possuir um valor heurístico, ao produzir o "choque do incomparável". De igual maneira, tal como atesta Kocka, a função descritiva da comparação – o segundo propósito por trás da História Comparada – ajuda a iluminar os casos singulares, produzindo contrastes entre eles e combatendo as generalizações grosseiras.

Vimos ainda que a História Comparada proporciona aos seus praticantes uma "função analítica": a comparação "pode cumprir o papel de um experimento indireto que facilitaria o 'teste de hipóteses'" (KOCKA, 2003: 39). Lembremos o já descrito problema da categoria da "fundação" na pesquisa coletiva coordenada por Detienne. Embora tratada como um conceito cuja discussão e problematização fora negligenciada à partida, a possibilidade de se pensar sociedades antigas a partir da noção de "fundação" revelou não ser mais do que uma hipótese, a qual não era passível de aplicação a todos os universos de estudo envolvidos pela pesquisa[91]. Com relação ao derradeiro propósito da História Comparada – o paradigmático – a comparação permite deslocar o historiador de um campo de estudos que já lhe é demasiado familiar, e que ele conhece bem em função dos seus estudos especializados, abrindo-lhe a possibilidade de ampliar a sua capacidade de problematização. Aos historiadores demasiado concentrados na história de seu país ou região, a comparação pode proporcionar um notável "efeito de desprovincialização e liberação, de abertura do olhar", com consequências imediatas para a reambientação e rediscussão do estilo da profissão historiográfica (KOCKA, 2003: 41). O sonho de Marc Bloch – a renovação da própria História a partir da perspectiva comparatista – abraça aqui o quarto propósito da História Comparada, conforme a avaliação de Jürgen Kocka.

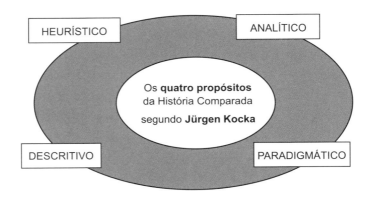

---

91. No caso, conforme vimos, as antigas sociedades japonesas resistiram a esta categoria, revelando os seus limites à equipe coordenada por Detienne. Com relação a Kocka, ele acrescenta o seguinte comentário sobre a função analítica da comparação: "ainda que possamos ser céticos em relação a esta reivindicação, não há dúvida de que a comparação é indispensável para historiadores que gostam de formular questões causais e fornecer respostas causais" (KOCKA, 2003: 39).

Algumas palavras finais podem ser acrescentadas sobre a instância coletiva à qual se abre a História Comparada. Fora as proposições específicas de Marcel Detienne e Pierre Vernant com vistas à constituição da História Comparada como empreendimento coletivo a ser encaminhado a partir de grandes equipes, a instância da "História Comparada como trabalho coletivo" liga-se adicionalmente a um outro circuito de constatações. Podemos lembrar que a própria História – como campo disciplinar mais amplo – é ela mesma necessariamente coletiva, se considerarmos que todo o conhecimento permanentemente produzido pela comunidade científica dos historiadores, a partir do trabalho individual de cada um dos intelectuais e profissionais que a constituem, é já de si mesmo um grande empreendimento coletivo. Um historiador jamais escreve o seu trabalho isoladamente – é já uma obviedade dizer isto nos dias de hoje. As regras da escrita historiográfica impõem que cada historiador cite constantemente outros historiadores, e se valha das pesquisas e reflexões desenvolvidas pelos demais praticantes do seu campo de saber, sem contar os trabalhos que foram realizados por antropólogos, sociólogos, geógrafos, linguistas, psicólogos, economistas, entre outros profissionais de campos afins. Quais as implicações desta instância de produção coletiva que é própria da História como um todo, e como ela se aplica mais especificamente à História Comparada?

Jürgen Kocka, em ¨Comparação e além" (2003: 41), destaca a enorme erudição e capacidade de trânsito disciplinar e interdisciplinar que deve fazer parte dos atributos de um historiador comparatista, e ressalta que há uma nova postura a ser assimilada pelas futuras gerações de historiadores que quiserem se dedicar à História Comparada. Uma vez que o conhecimento contemporâneo cresce a cada instante a partir dos inúmeros trabalhos que vão surgindo em cada campo de saber – e, no interior da História, em cada uma de suas subespecialidades – será cada vez mais difícil para um historiador isolado desdobrar-se simultaneamente na realização de pesquisas diferenciadas e controlar diretamente a massa de informações proveniente das fontes de cada uma delas. Ora, mas é precisamente o duplo recorte, ou a coexistência de múltiplos recortes, o que define o trabalho do historiador comparatista. Se ele desenvolve uma comparação entre o Brasil e a Argentina em determinado período, ele precisa ter conhecimento aprofundado das duas realidades, e seria desejável controlar dois grandes universos de fontes históricas. Se o seu recorte é múltiplo, então, a tarefa se multiplica. Como resolver estes dilemas?

Já vimos a solução da instituição de grandes equipes, proposta por Marcel Detienne. Jürgen Kocka aponta uma outra via. Para ele, uma boa parte da História Comparada poderá seguir sendo realizada por historiadores individuais. Uma crescente consciência de que o conhecimento histórico faz parte de uma grande produção coletiva, todavia, precisará se afirmar cada vez mais no seio da comunidade científica dos historiadores. Para Kocka (2003: 41), a História Comparada dependerá cada vez mais da chamada "literatura secundária" (os trabalhos já desenvolvidos pelos demais historiadores), e o historiador precisará lidar com um arrefecimento da pretensão de controlar em profundidade todas as fontes e informações diretas. Em uma palavra, o historiador precisará cada vez mais confiar nos trabalhos já desenvolvidos pelos demais historiadores.

Poderíamos acrescentar que uma boa parte do trabalho do historiador comparatista – ainda que a análise de fontes continue a integrar significativamente o seu trabalho, tal como ocorre com todos os tipos de historiadores – precisará ser dedicada a uma orquestração dos trabalhos já existentes. A História, a partir desta subespecialidade que é a História Comparada, precisará ser sentida cada vez mais como um grande trabalho coletivo, bem como se beneficiar deste tipo de consciência a ser reforçado nas futuras gerações de historiadores. Imaginemos que um certo historiador antiquista pretenda dedicar-se à pesquisa comparativa entre duas ou três sociedades antigas, cada qual dotada de sua própria língua. Dominar em profundidade uma escrita arcaica já implica, por si só, um considerável empenho e dedicação. Dominar três diferentes linguagens de fontes exponencializa esta necessidade de dedicação.

Confiar em boas traduções, conhecer amplamente a literatura já produzida por outros historiadores, compreender que o seu trabalho começa a partir do trabalho desenvolvido por outros – e que o seu próprio trabalho também passará a beneficiar outros historiadores futuros ao ser integrado à imensa rede intertextual produzida pela comunidade científica dos historiadores – serão requisitos para que a História Comparada possa seguir adiante em um mundo no qual a produção do conhecimento e a multiplicação de possíveis objetos historiográficos cresce exponencialmente. Por outro lado, os historiadores poderão contar cada vez mais com os recursos digitais e informáticos, com os benefícios da rede mundial de computadores, com as inúmeras possibilidades de comunicação que unem especialistas de todo o mundo. Os ventos tecnológicos sopram a favor da História Comparada: a disponibilização digital de arquivos e textos de todos os tipos, a integração editorial em um grande mercado global, a comunicação instantânea proporcionada pelos e-mails e o intercâmbio imediato oportunizado pela estrutura dos chats são apenas alguns dos recursos que parecem trazer uma viabilidade crescente e renovada para o desenvolvimento da História Comparada. Se a historiografia torna-se cada vez mais complexa e multidiversificada, multiplicam-se também os recursos para se lidar com esta crescente complexidade e com a diversificação permanentemente atualizada do trabalho historiográfico.

16
Considerações finais
Por uma História Relacional

As experiências pioneiras da História Comparada, desde inícios do século XX, abriram um campo novo de possibilidades para repensar tanto os recortes historiográficos de pesquisa, como as metodologias e perspectivas teóricas a serem empregadas pelos historiadores. "Comparar" era o gesto historiográfico fundador que – ao confrontar as atitudes do isolamento e da compartimentação não comunicante – permitia recolocar em uma adequada relação complexa dois ou mais recortes espaçotemporais, diversas realidades históricas a serem examinadas, ou os vários personagens e agentes históricos diferenciados que, ao mesmo tempo em que precisam ser apresentados nos seus próprios termos, não podem em absoluto ser separados das relações que os situam uns em relação aos outros e todos em relação ao ambiente e contexto histórico que os une.

Vimos que pensar o mundo nos termos de comparações era, na perspectiva de autores pioneiros como Marc Bloch e tantos outros, quebrar os rígidos limites nacionalistas e político-institucionais que já pesavam há muito sobre o fazer historiográfico. "Comparar" realidades históricas diferenciadas, mas também capazes de interagir umas sobre as outras, implicava tanto em reconhecer a "diferença" como em adotar uma perspectiva mais planetária: compreender simultaneamente que as culturas e sociedades são diferentes, e que a humanidade é uma só.

Com o tempo, verificou-se que o gesto de "comparar" – ou ao menos a tomada de consciência acerca da necessidade desse incontornável gesto – era apenas o início simbólico de uma longa caminhada a ser empreendida pelas sucessivas gerações de historiadores. As últimas décadas do século XX trariam à prática historiográfica uma série de novos gestos igualmente imprescindíveis: "interconectar", "cruzar", "entrelaçar", dar a perceber as "interações culturais" e as "ligações transnacionais" que recobrem as diversas sociedades e o próprio planeta. Surgiram, desde então, novas modalidades historiográficas, tais como a "história global", a "história transnacional", as "histórias interconectadas", as "histórias cruzadas" e as "histórias entrelaçadas". Configurariam estas experiências um novo nicho de modalidades históricas, por oposição às mais antigas práticas da História Comparada?

Muitos pensam assim nos dias de hoje, e procuram estabelecer campos históricos mais específicos, em algumas ocasiões perceptivelmente motivados por disputas territoriais ancoradas no seio dos mercados editoriais e das instituições acadêmicas. Pensamos, contudo, que a História Comparada foi apenas um âmbito pioneiro que abriu caminho para uma família mais ampla de histórias que incluem as novas possibilidades do "cruzamento", da "interconexão", do "entrelaçamento" e das perspectivas "transnacionais". Todos esses novos procedimentos, e as novas modalidades de história que a eles se referem – e também a sua irmã mais antiga, a História Comparada – baseiam-se fundamentalmente nos chamados "procedimentos relacionais". Seria possível unir todas as novas modalidades que assim se apresentam sob o rótulo da *História Relacional*. Esta seria uma designação que poderia abarcar todas as histórias e campos da história que se amparam vigorosamente na necessidade premente e incontornável de trabalhar com procedimentos relacionais.

A História Relacional poderia ser vista como um campo novo de possibilidades que abarca as modalidades já tradicionais da História Comparada, e também novas modalidades como as da "história transnacional", "histórias interconectadas" e "histórias cruzadas", entre outras possibilidades. Neste livro, preferimos englobar todas essas experiências em uma designação mais conhecida, a da História Comparada, aqui entendida em sentido extenso. Talvez, com a multiplicação das novas alternativas historiográficas, as novas décadas demandem efetivamente por um termo mais abrangente, capaz de unir em um único feixe as novas experiências. Nesse caso, a História Comparada tenderia a ser apresentada apenas como uma modalidade a mais, no mesmo nível de outras modalidades como a "História Cruzada" ou a "História Transnacional".

De todo modo, cada uma das diversas práticas e experiências que foram discutidas neste livro têm se afirmado enfaticamente contra os modelos mais tradicionais de entender e elaborar a História. Elas correspondem mais a modalidades historiográficas intimamente aliadas do que a universos em confronto, e os recursos que elas mobilizam podem ser também combinados, não implicando de modo algum isolamento intradisciplinar. Estaremos assistindo ao fortalecimento de um novo campo, que poderia ser compreendido como uma família historiográfica a ser designada como História Relacional? Esta indagação é oferecida às futuras gerações de historiadores, as quais terão a seu cargo não apenas a tarefa de renovar criativamente os modos de entender a história e de propor novas possibilidades de pesquisa, mas também a responsabilidade de desenvolver novos modelos para apresentar – seja em forma de texto ou através de outras mídias disponíveis – o trabalho sistemático desenvolvido pelos historiadores. Ao lado das inovações no âmbito da pesquisa, em suma, as futuras gerações historiográficas deverão necessariamente produzir profundos enriquecimentos no âmbito mesmo da Escrita. Eis aqui a próxima tarefa coletiva dos historiadores.

Referências

ADELMAN, J. (1992). "Against Essentialism: Latin America Labour History in Comparative Perspective – A Critique of Bergquist". *Labour/Le Travail*, p. 180-181.

ANHEIM, É. & GREVIN, B. (2002). "Choc des civilisations ou choc des disciplines? – Les sciences sociales et le comparatisme". *Revue d'Histoire Moderne et Contemporaine*, n. 49-4, p. 122-146 [suplemento].

ATSMA, H. & BURGUIÈRE, A. (orgs.) (1990). *Marc Bloch aujourd'hui:* Histoire comparée & sciences sociales. Paris: l'École des Hautes Études en Sciences Sociales.

AZEVEDO, C.M.M. (2003). *Abolicionismo* – Estados Unidos e Brasil: uma história comparada. Rio de Janeiro: Annablume [original: 1995].

BAGBY, P. (1958). *Culture and History, Prolegomena to the Comparative Study of Civilizations*. Londres: Longmans.

BAILY, S. (1999). *Immigrants in the lands of promise*: Italians in Buenos Aires and New York City 1870-1914. Ithaca: Cornell University Press.

_____ (1990). "Cross-cultural comparison and the writing of migration history". In: YANS-McLAUGHLIN, V. (org.). *Im-

migration reconsidered: history, sociology and politics. Nova York: Oxford University Press.

BAYLIN, B. (2005). *Atlantic History*: concept and contours. Cambridge, MA: Harvard University Press.

BARROS, J.D'A. (2004). *O Campo da História*. Petrópolis: Vozes.

BENDIX, R. (1996). *Construção nacional e cidadania*. São Paulo: Edusp.

BLOCH, M. (1995). *Histoire & historians* – Textes réunis par Étienne Bloch. Paris: Armand Colin.

_____ (1993). *Os reis taumaturgos* – O caráter sobrenatural do poder régio: França e Inglaterra. São Paulo: Companhia das Letras [original: 1924].

_____ (1963). "Pour une histoire comparée des sociétés européenes". *Mélanges historiques*. Paris: [s.e.], tit. I, p. 15-50.

_____ (1930). "Comparaison". *Bulletin du Centre Internacional de Synthèse*, n. 9, jun. Paris.

BODEI, R. (2001). *A História tem um sentido?* Bauru: Edusc [original: 1997].

BONAUDO, M.; REGUERA, A. & ZEBERIO, B. (orgs.) (2008). *Las escalas de la historia comparada* – Tomo 1: Dinámicas sociales, poderes políticos y sistemas jurídicos. Buenos Aires: Miño y Dávila.

BONNELL, V.E. (1980). "The uses of Theory: Concepts and comparisons in Historical Sociology". *Comparative Studies in Society and Culture*, 22, n. 2, p. 156-173.

BRAUDEL, F. (2007). *O modelo italiano*. São Paulo: Companhia das Letras.

_____ (1989). *Gramática das civilizações*. São Paulo: Martins Fontes.

CANIZARES-ESGUERRA, J. (2007). "Entangled Histories: Borderland Historiographies in new clothes?" *American History Review*, 112, n. 3, p. 787-799.

_____ (2002). *How to Write the History of New World*: Histories, Epistemologies, and identities in the Eighteenth-Century Atlantic World. Stanford: Stanford University Press.

CHARLE, C. (1998). "L'histoire comparée des intellectuels in Europe – Quelques points de méthode et propositions de recherche". In: TREBITSCH, M. & GRANJON, M.-C. (orgs.). *Pour une histoire comparée des intellectuels*. Bruxelas: Complexe, p. 39-59.

CITINO, N.J. (2001). "The Global Frontier: Comparative History and the Frontier-Borderlands Approach in American Foreign Relations". *Diplomatic History*, 25, n. 4, p. 677-693.

COFAGNA, L. (1989). "La comparazione e la storia contemporânea". *Meridiana*, 6, p. 15-28.

COHEN, D. (2004). "Introduction: Comparative History, Cross-National History, Transnational History – From Theory to Practice". In: COHEN, D. & O'CONNOR, M. (orgs). *Comparison and History*: Europe in Cross-National Perspective. Nova York: Routledge, p. IX-XXIII.

_____ (2001). "Comparative History: buyer beware". *GHI Bulletin*, n. 29, inv. [também publicado em COHEN, D. & O'CONNOR, M. (orgs.). *Comparison and History*: Europe in Cross-National Perspective. Nova York: Routledge, 2004, p. 57-70].

COHEN, D. & O'CONNOR, M. (orgs.) (2004). *Comparison and History*: History in Cross-national perspective. Nova York/Londres: Routledge.

CONRAD, S. (2003). "La constitution de l'histoire japonaise – Histoire comparée, histoire des transferts et interactions transnationales". In: ZIMMERMANN, B. & WERNER, M. *Histoire croisee*. Paris: Ehess.

COOPER, F. (1996). "Race, Ideology, and the Perils of Comparative History". *American Historical Review*, n. 101-4, out. p. 1.122-1.138.

COULBORN, R. (1959). *The Origin of Civilized Societies*. Princeton: Princeton University Press.

CRONIN, J.E. (1993). "Neither Exceptional nor Peculiar – Towards the comparative study of labor in advanced society". *International Review of Social History*, 38.

DASKALOV, R. & MARINOV, T. (2013). *Entangled Histories of the Balkans* – Vol. I: National Ideologies and Language Policies. Bucharest: European Research Concil/Brill.

DETIENNE, M. (2008). *Os gregos e nós* – Uma antropologia comparada da Grécia Antiga. São Paulo: Loyola.

_____ (2000). *Comparer l'incomparable*. Paris: Seuil.

_____ (1998). *A invenção da mitologia*. Rio de Janeiro: José Olympio.

_____ (1990). *Tracés de fondation*. Louvain/Paris: Bibliotheque de l'École Practique des Hautes Études/Peeters.

DURKHEIM, É. (2007). *Regras do Método Sociológico*. São Paulo: Martins Fontes.

EISENBER, C. (1989). "The comparative view in Labour History". *International Review of Social History*, 34.

ESPAGNE, M. (1994). "Sur les limites du comparatisme em histoire culturelle". *Genesis*, n. 17, p. 112-121.

FAUSTO, B. & DEVOTO, F. (2004). *Brasil e Argentina*: um ensaio de história comparada, 1850-2002. Rio de Janeiro: Ed. 34.

FEBVRE, L. (1924). "Une esquisse d'histoire comparée". *Revue de Synthèse Historique*, XXXVII, 128, p. 151-152.

_____ (1922). *La Terre et l'évolution humaine* –Introduction geographique à l'histoire. Paris: [s.e.].

FONTENELLE, B. [Marquês de] (1932). *De l'origine des fables*. Paris: Felix Alcan [original: 1724].

GAMES, A. (2006). "Atlantic History: Definitions, Challenges, and Opportunities". *American Historical Review*, 111, n. 3, jun., p. 741-775.

GENOVESE, E. (1971a). "The Comparative Focus in Latin American". *Red and Black*. Nova York: Pantheon Books, p. 375-388.

_____ (1971b). "The Treatment of slaves in different countries – Problems in the Applications of the Comparative Method". *Red and Black*. Nova York: Pantheon Books, p. 158-172.

GENOVESE, E. & FONER, L. (orgs.) (1969). *Slavery in New Word* – A Reader in Comparative History. Nova Jersey: Prentice-Hall.

GERSCHENKRON, A. (1968). *El atraso económico en su perspectiva histórica*. Barcelona: Ariel.

GINZBURG, C. (1998). *O queijo e os vermes* – O cotidiano e as ideias de um moleiro perseguido pela inquisição. São Paulo: Companhia das Letras [original: 1976].

_____ (1989). *Mitos, emblemas e sinais*: morfologia e história. São Paulo: Cia. das Letras.

GORELIK, A. (2004). "El comparatismo como problema: una introducción". *Prismas* – Revista de história intelectual, n. 8, p. 121-128.

GOSCHA, C.E. & OSTERMANN, C.F. (2009). *Connecting Histories*: Decolonization and the Cold War in Southeast Asia (1945-1962). Washington: Woodrow Wilson Center Press.

GOULD, E.H. (2007). "Entangled Histories, Entangled Words: the English-Speaking Atlantic as a Spanish Periphery". *American Historical Review*, jun., p. 765-786.

GREEN, N. (1990). "L'histoire comparative et le champ des études migratoires". *Annales ESC*, 6.

GREGG, R. (2000). "Inside Out, Outside". *Essays in Comparative History*. Nova York: St. Martin's.

GREY, R. (1980). "The case of comparing histories". *American History* Review, 84 (3), out.

GROSSLEY, P.K. (2008). *What is global history*. Cambridge: Cambridge Polity Press.

GRUZINSKI, S. (2001). "Os mundos misturados da monarquia católica e outras histórias conectadas". *Topoi*, mar., p. 175-195.

HAJNAL, J. (1965). "European Marriage Patterns in Perspective". In: GLASS, V. & EVERSLEY, D.E.C. (orgs.). *Population in History*. Chicago: Aldine, p. 101-138.

HANIFI, S.M. (2011). *Connecting Histories in Afghanistan*: Market Relations and State Formation in a Colonial Frontier. Stanford: Stanford University Press.

HANNICK, J.-M. (2000). "Breve história da História Comparada". In: JUCQUOIS, G. & VILLE, C. (orgs.). *O comparatismo nas Ciências do Homem:* abordagens pluridisciplinares. Bruxelas: [s.e.], p. 301-327.

HAUPT, H.-G. (1998). "O lento surgimento de uma história comparada". In: BOUTIER, J. & DOMINIQUE, J. (orgs.). *Passados recompostos* – Campos e canteiros da História. Rio de Janeiro: UFRJ/FGV, p. 205-216.

HAUPT, H.-G. & KOCKA, J. (2010). *Comparative and Transnational History* – Central European Approaches and New Perspectives. Nova York: Berghahn.

HERDER (1969). *Herder on Social and Political Culture*. Cambridge: [s.e.] [org. por F.M. Barnard].

HILL, C. (1987). *O mundo de ponta-cabeça*. São Paulo: Companhia das Letras [original: 1972].

HOBSBAWM, E. (1998). "Da História Social à História da Sociedade". *Sobre a História*. São Paulo: Companhia das Letras.

HOLANDA, S.B. (1998) *Raízes do Brasil*. São Paulo: Companhia Brasileira de Letras [original: 1936].

_____ (1995). *Visão do paraíso* – Os motivos edênicos no descobrimento e colonização do Brasil. São Paulo: Companhia Brasileira de Letras [original: 1969].

HUNTINGTON, S. (1997). *O choque das civilizações*. Rio de Janeiro: Objetiva.

JOHNSON, B. (2002). "Engendering Nation and Race in the Borderlands". *Latin American Research Review*, 37, n. 1, p. 259-271.

KELLEY, R. (1999). "But a Local Phase of a World Problem: Black History's Global Vision, 1883-1950". *Journal of American History*, vol. 86, n. 3, dez., p. 1.045-1.077.

KOCKA, J. (2003). "Comparison and Beyond". *History and Theory*, 42, fev.

_____ (1999). "Asymmetrical Historical Comparison: the case of the german Sonderweg". *History and Theory*, vol. 38, n. 1, p. 40-50.

KULA, W. (1973). *Problemas y métodos de la historia económica*. Barcelona: Península.

LABEAU, C. (2003). "Eloge de l'homme imaginaire: la construction de la figure de Tadministrateur au XVIII siècle". In: ZIMMERMANN, B. & WERNER, M. *Histoire croisee*. Paris: Ehess.

LAFITTEAU, J.-F. (1724). *Moeurs des sauvages américains comparées aux moerus des premiers temps*. Paris: Saugrain l'Aîné.

LASLETT, P. (1972). *Household and Family in Past Time*. Cambridge: Cambridge University Press.

LE GOFF, J. (1993). "Prefácio". In: BLOCH, M. *Os reis taumaturgos – O caráter sobrenatural do poder régio: França e Inglaterra*. São Paulo: Companhia das Letras, p. 9-37.

LEVI, G. (2003). "Problema de escala". *Relaciones*, 95, vol. XXIV, verão, p. 281ss.

LIEBERMAN, V. (1991). "Secular Trends in Burmese Economic History, c. 1350-1830, and their Implications for State Formation". *Modern Asian Studies*, n. 25-1, p. 1-31.

LINEBAUGH, P. & REDIKER, M. (2008). *A hidra de muitas cabeças* – Marinheiros, escravos, plebeus e a história oculta do Atlântico revolucionário. São Paulo: Companhia das Letras [original: 2000].

MAIER, C.S. (1992-1993). "La História Comparada". *Studia Historica* – Historia contemporânea, vol. X-XI, p. 11-32.

MAURO, F. (1973). *História Econômica Mundial*. Rio de Janeiro: Zahar.

McGERR, M. (1991). "The Prince of the 'New Transnational History'". *The American History Review*, 96, n. 4, out. p. 1.056-1.067.

MELKO, M. (1969). *The Nature of Civilizations*. Boston: Porter Sargent.

MIDDELL, M. (2000). "Kulturtransfer und historische Komparatistik, Thesen zu ihrem Verhältnis" [Transferência cultural e História Comparada: teses sobre a sua relação]. *Comparativ*, n. 10, p. 7-41.

MOCH, L.P. & TILLY, L. (1985). "Joining the urban Word – Ocupation, family and migration in three French cities". *Comparative Studies in History and History*, 27.

MONTESQUIEU (1981). *Cartas persas*. Belo Horizonte: Itatiaia.

MOORE, B. (1966). *Social origins of dictatorship and democracy*: lords and peasants in the making of the modern word. Boston: Beacon Press.

MÖRNER, M. (1994). "En torno al uso de la comparación en el análisis histórico de America Latina". *Jahrbuch für Geschiechet von Staat* – Wirtschaft und Gesselschaft Lateinamerikas, 31.

OSTGERHAMMEL, J. (2001). *Geschichtswissenschaft jenseits des Nationalstaats* – Studien zu Beziehungsgeschichte und Zivilisationvergleich. Gōttingen: Vandenhoek e Ruprecht.

PALLARES-BURKE, M.L.G. (org.) (2000). *As muitas faces da História*. São Paulo: Unesp.

PERNAUD, M. (2012). "Whither Conceptual History? – From National to Entangled Histories". *Contributions to the History of Concepts* 7, n. 1, p. 1-11.

PIRENNE, H. (1981). *Historia de Europa, desde las invasiones al siglo XVI*. Cidade do México: [s.e.].

_____ (1923). "De la méthode comparative en histoire". In: DES MAREZ, G. & GANSHOF, F.-L. (orgs.). *Compte-rendu du V Congrès des Sciences Historiques*. Ghent: Weissenbrusch, p. 19-32.

PLUTARCO (2005). *Vidas paralelas*: Alexandre e César. Porto Alegre: LPM.

POLLARD, S. (1982). *Peaceful Conquest*: The Industrialization of Europe, 1760-1970. Nova York: Oxford University Press.

QUIGLEY, C. (1961). *The Evolution of Civilizations* – An Introduction to Historical Analysis. Nova York: Macmillan.

RAJ, K. (2003). "Histoire européenne ou histoire transcontinentale? – Les débuts de la cartographie britannique extensive, XVIIIe-XIXe siècle". In: ZIMMERMANN, B. & WERNER, M. *Histoire croisee*. Paris: Ehess.

RODGERS, D.T. (1998). *Atlantic Crossing*: Social Politic in a Progressive Age. Cambridge MA: Harvard University Press.

ROJAS, C.A.A. (2007). *Antimanual do mau historiador*. Londrina: UEL [original: 2002].

ROKKAN, S. (1995). "Une famille de modèles pour l'histoire comparée de l'Europe Occidentale". *Revue Internationale de Politique Comparée*, vol. 2, n. 1.

_____ (1975). "Dimensions of State formation and nation-building: a possible paradigm for research on variations within Europe". In: TILLY, C. (org.). *The formation of Nation States in Weslern Europe*. Princeton: Princeton University Press.

_____ (1970). *Citizen, Elections, Parties*. Oslo: Universitets-vorlaget.

ROSE, R. (1991). "Comparing forms of comparative analysis". *Political Studies*, 39.

ROSSI, P. (1990). *La storia comparata* – Approcci e propettive. Milão: Il Sagiatore.

ROSTOW, W.W. (1961). *Etapas do desenvolvimento econômico*. Rio de Janeiro: Zahar [original: 1960].

RÜSEN, J. (2006). "Historiografia comparativa intercultural". In: MALERBA, J. (org.). *A História escrita*. São Paulo: Contexto.

SEEMAN, E.R. & CANIZARES-ESGUERRA, J. (2007). *The Atlantic in Global History (1500-2000)*. Upper Saddle River (NJ): Pearson Prentice Hall.

SEIGEL, M. (2005). "Beyond Compare: Comparative Method after the Transnational Turn". *Radical History Review*, n. 91, inv., p. 62-90.

_____ (2004). "World History's Narrative Problem". *Hispanic American Historical Review*, n. 84, 3, p. 431-446.

SEWELL, W. (1976). "Marc Bloch and the logic of comparative history". *History and Theory*, vol. 6, n. 2, p. 208-218.

SILVA, F.C.T. (2010). "Por uma História Comparada das Ditaduras". In: SILVA, F.C. et al. (orgs.). *O Brasil e a Segunda Guerra Mundial*. Rio de Janeiro: Multifoco, p. 21-80.

SKOCPOL, T. (1994). *Social revolutions in modern world*. Nova York: Cambridge University Press.

_____ (1989). *Estados e revoluções sociais* – Análise comparativa da França, Rússia e China. Lisboa: Presença [original: 1979].

_____ (1985). "Cultural Idioms and Political Ideologies in the Revolutionary Reconstruction of State Power: A Rejoinder to Sewell..." *Journal of Modern History*, 57, n. 1, mar.

SKOCPOL, T. & SOMES, M. (1980). "The uses of comparative history in Macrosocial Inquiry". *Comparative Studies in Society and Culture*. [s.n.t.]

SMITH, A. (1776). *Enquête sur la nature et les causes de la richesse des nations*. Londres: Oxford University.

SMITH, D.S. (1993). "The Curious History of Theorizing about the History of the Western Nuclear Family". *Social Science History*, 17, p. 325-353.

SOUZA, L.M. (1993). *O inferno atlântico*. São Paulo: Cia. das Letras.

SPENGLER, O. (1920). *The Decline of the West*. Munique: Beck.

SUBRAHMANYAM, S. (2004a). *Connected History* – Explorations in Connected History: Mughals and Franks. Delhi: Oxford University Press.

_____ (2004b). *Connected History*: From the Tagus to the Ganges. Delhi: Oxford University Press.

_____ (1997). "Connected Histories: Notes towards a Reconfiguration of Early Modern Eurasia". *Modern Asian Studies*, vol. 31, n. 3, jul., p. 735-762.

SYLVAIN, B. (2011). *La comparaison, une obscure tentation?* – Réflexions sur une enquête ethnographique comparative auprès des Français de l'étranger. Paris: Sorbonne [disponível em http://ning.it/19XVlFG].

THEML, N. & BUSTAMANTE, R. (2007). "História Comparada: olhares plurais". *Revista de História Comparada*, vol. I, n. 1, jun., p. 1-23. Rio de Janeiro: UFRJ.

THOMPSON, E.P. (2001). "As peculiaridades dos ingleses". *As peculiaridades dos ingleses e outros artigos*. São Paulo: Companhia das Letras.

TILLY, C. (1996). *Coerção, capital e estados europeus*. São Paulo: Edusp.

_____ (1984). *Big Structures, Large Processes, Huge Comparisons*. Nova York: Russell Sage.

_____ (1975). *The Formation of National States in Western Europe*. Princeton: Princeton University Press.

TOURAINE, A. (2007). *Penser autrement*. Paris: Fayard.

TOYNBEE, A. (1934-1961). *Study of History*. Londres: Oxford University Press. 12 vols. [*Um Estudo da História*. São Paulo: Martins Fontes, 1987].

TREBITSCH, M. & GRANJON, M.-C. (orgs.) (1998). *Pour une histoire comparée des intellectuels*. Bruxelles: Complexe.

TYRRELL, I. (1999). "Making Nations/Making States: American Historians in the Context of Empire". *Journal of American History*, n. 86, p. 1.033ss.

VALENSI, L. (2002). "L'exercice de la comparaison au plus proche, à distance: le cas des sociétés plurielles". *Annales HSS*, n. 57-1.

VEYNE, P. (1983). *Como se escreve a História*. Brasília: UnB.

VOLTAIRE (2001). *Cartas filosóficas*. São Paulo: Landy.

_____ (1969). *The Age of Luís XIV*. Londres: [s.e.].

WALLERSTEIN, E. (1974, 1980, 1989). *The Capitalist World-Economy*. 3 vols. Cambridge: Cambridge University Press.

WEBER, D.J. (2000). "The Spanish Borderlands of North America: A Historiography". *Magazine of History*, 14, n. 4, p. 5-11.

WEBER, M. (2004). *A ética protestante e o espírito do capitalismo*. São Paulo: Companhia das Letras [original: 1904-1905, complementado em 1920].

_____ (1999). "A dominação não legítima – Tipologia das cidades. Vol. II. *Economia e sociedade*. Brasília: UnB, p. 408-517 [original: 1925].

_____ (1968). *The Sociology of Religion*. Boston: Beacon Press.

_____ (1966). *The City*. Nova York: Paperback.

WERNER, M. (2001). "Comparaison et raison". *Cahiers d'Études Germaniques*, n. 41, p. 9-18.

WERNER, M. & ZIMMERMANN, B. (2004). *De la comparaison à l'histoire croisée*. Paris: Seuil.

YUKO, T. (1995). "Le monde comme representation symbolique – Le Japon de l'époque d'Edo et l'univers du mitate". *Annales, Histoire, Sciences Sociales*, 50, 2.

ZIMMERMANN, B. (2001). *La constitution du chômage en Allemagne:* entre professions et territoires. Paris: MSH.

ZIMMERMANN, B. (org.) (1999). *Le travail et la nation* – Histoire croisée de la France et del'Alemagne. Paris: Maison des Sciences de l'Homme.

ZIMMERMANN, B. & WERNER, M. (2003). "Pensar a História Cruzada: entre empiria e reflexividade". *Textos de História*, vol. 11, n. 1-2, p. 83-127 [original: *Annales*, jan.-fev./ 2003].

CULTURAL
Administração
Antropologia
Biografias
Comunicação
Dinâmicas e Jogos
Ecologia e Meio Ambiente
Educação e Pedagogia
Filosofia
História
Letras e Literatura
Obras de referência
Política
Psicologia
Saúde e Nutrição
Serviço Social e Trabalho
Sociologia

CATEQUÉTICO PASTORAL

Catequese
 Geral
 Crisma
 Primeira Eucaristia

Pastoral
 Geral
 Sacramental
 Familiar
 Social
 Ensino Religioso Escolar

TEOLÓGICO ESPIRITUAL
Biografias
Devocionários
Espiritualidade e Mística
Espiritualidade Mariana
Franciscanismo
Autoconhecimento
Liturgia
Obras de referência
Sagrada Escritura e Livros Apócrifos

Teologia
 Bíblica
 Histórica
 Prática
 Sistemática

REVISTAS
Concilium
Estudos Bíblicos
Grande Sinal
REB (Revista Eclesiástica Brasileira)
SEDOC (Serviço de Documentação)

VOZES NOBILIS
Uma linha editorial especial, com importantes autores, alto valor agregado e qualidade superior.

VOZES DE BOLSO
Obras clássicas de Ciências Humanas em formato de bolso.

PRODUTOS SAZONAIS
Folhinha do Sagrado Coração de Jesus
Calendário de Mesa do Sagrado Coração de Jesus
Agenda do Sagrado Coração de Jesus
Almanaque Santo Antônio
Agendinha
Diário Vozes
Meditações para o dia a dia
Guia Litúrgico

CADASTRE-SE
www.vozes.com.br

EDITORA VOZES LTDA.
Rua Frei Luís, 100 – Centro – Cep 25689-900 – Petrópolis, RJ
Tel.: (24) 2233-9000 – Fax: (24) 2231-4676 – E-mail: vendas@vozes.com.br

UNIDADES NO BRASIL: Belo Horizonte, MG – Brasília, DF – Campinas, SP – Cuiabá, MT
Curitiba, PR – Florianópolis, SC – Fortaleza, CE – Goiânia, GO – Juiz de Fora, MG
Manaus, AM – Petrópolis, RJ – Porto Alegre, RS – Recife, PE – Rio de Janeiro, RJ
Salvador, BA – São Paulo, SP